FACTOR ZOMBI

Luis Carlos Molina Acevedo

Titulo: Factor Zombi

Primera Edición

Autor: Luis Carlos Molina Acevedo

Contacto: lcmolinaa@yahoo.es

http://lcmolinaa.blogspot.com

Diseño de Carátula: Luis Carlos Molina Acevedo

Revisión de Estilo: Luis Carlos Molina Acevedo

ISBN-13: 978-1530669387

ISBN-10: 1530669383

Sobre el Autor

Luis Carlos Molina Acevedo es Comunicador Social y Magíster en Lingüística de la Universidad de Antioquia, Colombia. Ha publicado los siguientes libros para las Librerías en Línea:

Quiero Volar, El Alfarero de Cuentos, Virtuales Sensaciones, El Abogado del Presidente, Guayacán Rojo Sangre, Territorios de Muerte, Años de Langosta, El Confesor, El Orbe Llamador, Oscares al Desnudo, Diez Cortos Animados, La Fortaleza, Tribunal Inapelable, Operación Ameba, Territorios de la Muerte, La Edad de la Langosta, Del Donjuanismo al Vampirismo Sexual, Imaginaria de la Exageración, La Clavícula de los Sueños, Quince Escritores Colombianos, De Escritores para Escritores, El Moderno Concepto de Comunicación, Sociosemántica de la Amistad, Magia: Símbolos y Textos de la Magia, ¿Hay Alguien Afuera del Muro?, Síndrome Dr. House, y Factor Zombi.

I Want to Fly, From Don Juan to Sexual Vampirism, The Clavicle of Dreams, The Imaginary of Exaggeration, The Modern Concept of Communication, For Writers by Writers, Is There Anybody Out The Wall?, and Dr. House Syndrome.

Contenido

Primera Parte: PUNTO DE PARTIDA 1
Modelado Semiótico de la Mente 5
Mapa de ruta 11
Segunda Parte: MUERTOS VIVIVIENTES 19
Mito de Sísifo 21
Factor Zombi en Sísifo 27
Lázaro 29
Lázaro el leproso 30
Lázaro resucitado 35
Momia 39
Factor Zombi en Lázaro 41
Frankenstein 45
El Golem 46
Frankenstein 48
Anubis 53
Factor Zombi en Frankenstein 54
Drácula 57

El vampiro en el folclore 58
Orígenes del mito 59
Etimología 60
Atributos 60
Ley Sálica 61
El vampiro en la ciencia 62
Vampiros en la literatura 62
El siglo XVIII 63
Bram Stoker 68
Factor Zombi en Drácula 70
Eupiros 73
Benedicto XIV 74
Factor Zombi en los Eupiros 77
Nosferatus 79
Nosferatus en el folclore 80
Nosferatus en Venecia 82
Factor Zombi en Nosferatus 84
Zombi 89
El vudú 90
El Misterio del Polvo Zombi 92
Alma dual 94
Literatura 95
Factor Zombi del zombi 96
Casos clínicos 101

La peste..101
El carbunco o ántrax...................................102
La anemia...103
La rabia...103
La Porfiria...105
Catalepsia..108
Síndrome del encerramiento.......................110
Tercera Parte: FACTOR ZOMBI......................113
Aislamiento..119
Automatismo..123
Inmortalidad..127
Indiferencia...133
Angustia..137
Lo absurdo...139
Silencio...143
Destino..145
Libertad...147
Enfermedad..149
Fracaso..151
Devorar...153
Rasgos del Factor Zombi..............................155
Cuarta Parte: FACTOR ZOMBI EN LA SOCIEDA...159
La Antigüedad..163

Grecia.....167
Imperio Romano.....173
La Antigüedad Tardía.....179
Factor Zombi en la Antigüedad.....185
La Edad Media.....189
Drácula.....190
Hechos representativos de la Edad Media.....192
Factor Zombi en la Edad Media.....195
La Modernidad.....199
Renacimiento.....200
La Ilustración.....201
Vampiro.....202
Kirilov.....205
Factor Zombi en la Modernidad.....207
La Postmodernidad.....211
Quinta Parte: CONCLUSIÓN.....219
Bibliografía.....225

Presentación

FACTOR ZOMBI es un estudio sobre el factor determinante para el cambio de las personas y la sociedad. En la personas se presenta como el indicativo de un cambio biológico en la pubertad. Es la transición del niño al adulto. En las sociedades se presenta cuando los grupos humanos alcanzan la cúspide de la organización social y comienza el declive hasta la disolución de ese modelo social.

Este factor se caracteriza en esencia por dos rasgos fácilmente observables, el aislamiento y el automatismo. El aislamiento es de carácter psíquico y está marcado por una apatía total de la persona hacia todo y todos. El automatismo en cambio, es de carácter físico. Se identifica por una baja movilidad de las articulaciones y alta rigidez al caminar. La persona parece un autómata al moverse. En muchos casos arrastra los pies al caminar. Además de estos dos rasgos, aquí estudiaremos otros diez rasgos para un total de doce en la caracterización del Factor Zombi.

Se hace un rastreo de los rasgos del Factor Zombi a través de la cultura de los muertos vivientes. Luego se consideran los rasgos en sí. Y finalmente se aplican los rasgos al estudio de las transiciones históricas de la

Antigüedad a la Edad Media, de ésta a la Modernidad y de ésta a la Postmodernidad. Estos periodos de la historia de la humanidad se caracterizan por presentar una manifestación fuerte del Factor Zombi.

Primera Parte: PUNTO DE PARTIDA

Durante algunos años practiqué el Modelado Semiótico de la Mente con grupos y con personas. La aplicación de este modelado comenzó cuando era promotor de literatura a nivel del Departamento de Antioquia, Colombia. Realizaba el modelado con grupos de personas, quienes asistían a talleres de escritores. En la mayoría de los casos eran personas con poca experiencia en la escritura, y con bajo nivel educativo. Les animaba a asistir a aquellos talleres, el deseo de escribir algo estético, parecido a lo escrito por algunos autores de su agrado.

Los talleres tenían cuatro grandes momentos:

1. Componente conceptual: se definían los diferentes conceptos de la obra literaria.

2. La apreciación literaria: se leían cuentos de autores reconocidos y se marcaban los diferentes elementos literarios del texto.

2. Ejercicio de relajación: se hacía un ejercicio de Modelado Semiótico de la Mente para propiciar la creación literaria. Las personas hacían un viaje

imaginario en estado alfa (vibración del cerebro entre 11 y 14 hercios, si se hace medición mediante encefalograma). El estado alfa también ocurre instantes antes de dormirnos.

4. Proceso de creación: las personas escribían un relato, aplicando los diferentes elementos aportados durante el taller.

Luego, algunas personas me manifestaron su interés de experimentar el Modelado Semiótico de la Mente, no ya en grupo, sino de manera individual. Instalé entonces un consultorio, en donde atendí en la mayoría de los casos, profesionales de diferentes disciplinas.

A nivel individual, comencé paralelamente un proyecto de consultorio estudiantil, como una actividad complementaria a mi labor de docente de un colegio por esa época.

En estos diferentes escenarios, me enfrenté a algunos casos sorprendentes, para los cuales no tengo una explicación racional. Siempre me inquietaron pero no había forma de avanzar hacia un esclarecimiento de por qué ocurrían aquellos estados de cosas en las mentes de aquellas personas. Por razones de tiempo, dejé de realizar sesiones desde el año 2008.

En 2015, por casualidad, realicé una sesión de Modelado Semiótico de la Mente con un niño de diez años. El encontrar dicho estado de cosas también en un niño, me hizo sorprenderme mucho más. Es quizá este hecho, el punto de partida para escribir el presente libro sobre el Factor Zombi. A continuación describo a grandes rasgos el caso de este niño, a quien denomino "XZ".

Modelado Semiótico de la Mente

El niño XZ tenía diez años de edad. Fue obligado por la madre a ir donde la psicóloga del colegio. Ella estaba preocupada por los sentimientos de suicidio manifestados por el niño. Había intentado quitarse la vida, buscando ser atropellado por un camión. Adicionalmente manifestaba no querer ir al colegio. No quería seguir estudiando.

La psicóloga desde su gran experiencia en clínica, trató de despertar en el niño un renovado interés en la vida y en el estudio. Pero ninguna de sus estrategias funcionaba con el pequeño. Por el contrario, cada intento parecía acrecentar más la apatía del niño. Preocupada, me expuso la situación y me pidió consentimiento para llevármelo, la siguiente vez cuando fuera a consulta. Accedí como si fuera un asunto rutinario de mis funciones, pero sin pensar en un problema real. En mi interior, consideraba la preocupación de la psicóloga como un acto exagerado.

Cuando la psicóloga entra a mi oficina con la madre y el pequeño, empiezo una conversación de rutina con acudiente y acudido. Para mi sorpresa, la disposición del niño era más sorprendente de lo descrito por la psicóloga. El niño parecía un zombi en todo el sentido del término. Parecía un muerto viviente.

Solicité el permiso de la madre y del niño para hacer una sesión de Modelado Semiótico de la Mente. Lo encontrado, fue desconcertante. Siempre había visto a muchas personas, sobre todo adolescentes, conducirse como zombis, pero nunca a un niño. Además de intentar ayudar al niño, en mí estaba la curiosidad de saber cómo era la mente de aquellos a quienes veía caminando como zombis.

Después de entrar al niño en estado alfa, lo ubiqué en el escenario de su intento de suicidio. Esperaba, a través de recursos semióticos, desentrañar las razones del pequeño para suicidarse. Para mi sorpresa, no había razones. El chico simplemente caminó como un autómata hacia el paso del camión. El conductor alcanzó a verlo a tiempo y frenó antes de atropellarlo. Le propicié al niño varios elementos semióticos para tratar de determinar alguna premeditación foránea en aquel acto y en absoluto nada afloró. El chico simplemente quería morirse porque sí, sin ninguna razón para ello.

El supuesto detrás del estado alfa consiste en una facilidad para lograr la comunicación del sujeto con su subconsciente. No sé si algo como el subconsciente existe, pero lo observado es un acto de la persona para hablar con su ser interior, con algo muy dentro de ella. Por eso esperaba descubrir en el niño la razón para su determinación de morir. El subconsciente es traslucido en el estado alfa.

Cuando no hallé razón alguna para el sentimiento de suicidio, intenté explorar el escenario emocional. Le aporté a la mente del niño, elementos semióticos sobre los cuales proyectar lazos afectivos con la madre, pero no había ninguna afectividad de él hacia ella. Su presencia le era indiferente. No experimentaba sentimientos de culpa por el dolor causado a ella con su comportamiento. Conduje con procedimientos semióticos la imagen de la madre hasta el escenario donde el pequeño había intentado suicidarse. Lo invité a tomar la mano de la madre para regresar imaginariamente a casa y se rehusó.

Mediante recursos semióticos, lo obligué a regresar a su casa. Lo senté ante la televisión. Quería saber cuál era su sentido de la vida a través de sus programas preferidos. Cuando le pregunté qué estaba viendo, me respondió: Nada. Al explorar la razón de ello, el televisor resultó estar con la pantalla en negro. Lo moví con procedimientos semióticos para hacer funcionar la televisión y entonces ocurrió lo realmente desconcertante. Todo se había oscurecido. Él estaba en medio de la oscuridad.

Le pregunté por qué ocurría aquello. Estoy encerrado en el armario, me dijo. Lo conminé a salir de allí. Pese a su esfuerzo, no podía. Entonces le aporté nuevos recursos semióticos para salir de allí. Con mucho esfuerzo lo logró. Le pregunté en dónde estaba ahora. La respuesta fue más desconcertante. Había salido del encierro del armario a otro encierro. Ahora estaba en un zaguán oscuro. Lo paseé por todo el lugar en busca de una puerta. No había puertas. Una vez más le aporté elementos semióticos para salir de allí. Logró hacerlo a través del techo.

Cuando creí superado el escollo del encerramiento, le pregunté si ya había salido. Me respondió afirmativamente. Le pregunté en dónde se encontraba. Para mi sorpresa, estaba de nuevo encerrado en otro espacio oscuro. Cuando intenté explorar el lugar donde se encontraba el niño, algo lo sobresaltó y se salió del estado alfa. Sólo les lancé una mirada de desconcierto a la psicóloga y a la madre. Dejé aquella sesión allí. Yo tenía muchas tareas pendientes, propias de mi cargo. Desde entonces me he preguntado mucho sobre el verdadero sentido de aquel estado de mente del niño.

Considero el encerramiento psíquico, además del automatismo al caminar, dos rasgos característicos del Factor Zombi en las personas. El estado de mente del niño XZ desconcierta, porque es poco frecuente en niños. A los diez años de edad todavía la existencia está gobernada por la curiosidad. Uno no esperaría encontrar un estado de apatía tal.

En sesiones de Modelado Semiótico de la Mente hechas con adolescentes, en quienes estaba presente el Factor Zombi, hay un estado de mente parecido. Ellos por lo general, en su viaje imaginario, caen a huecos en la tierra. Estos hoyos son oscuros y a pesar de sus intentos para salir de allí, no lo logran. Aquí es inevitable hacer la asociación semántica de los huecos oscuros con fosas para enterrar cadáveres. Quizá los adolescentes caen en tumbas y quedan encerrados allí sin poder salir. En ese sentido serían como unos enterrados en vida o unos muertos vivos. Ellos también preguntan qué significa eso y tampoco he tenido respuesta para ellos. En los adolescentes son más frecuentes los rasgos del automatismo y del encerramiento psíquico, comparado con personas de otras edades. Inclusive, se puede afirmar, estos rasgos son propios de la adolescencia. También llama la atención un hecho adicional. Estos rasgos se presentan con mayor frecuencia entre adolescentes, quienes habitan en lugares con altos índices de muertes violentas en la ciudad.

Otro caso interesante para ilustrar el estado de mente del Factor Zombi, es el de YZ. Ella es una mujer de 31 años de edad. Ella desde el comienzo mismo del estado alfa, estuvo encerrada dentro de un cubo de grueso acero. Estuvo todo el tiempo rodeada de una oscuridad impenetrable. Ninguno de los recursos semióticos aportados durante la sesión, lograron sacarla de allí.

Y finalmente, WZ es un hombre de 38 años de edad. Cuando empezó el viaje imaginario, se encontró con una pared. Él intentó atravesarla para continuar su viaje, pero sorprendentemente, quedó atrapado en medio de la pared hasta el final del viaje. No podía ni retroceder ni avanzar. No estaba emparedado. Estaba incrustado en el muro. Se había fusionado con la mole. Todos los demás compañeros pudieron hacer el viaje, menos él. Salió de la pared cuando di la orden semiótica de regresar. Asustado, me preguntó el significado de su experiencia. Con honestidad debí responderle: no sé qué significa. De eso hace veinte años. Todavía hoy, sigue siendo la misma respuesta: no sé qué significa. Sólo puedo decir, estos encierros psíquicos, parecen ser un rasgo clave de lo aquí denominado Factor Zombi.

Mapa de ruta

Denominamos aquí Factor Zombi a un determinado factor de la dinámica de cambio en las personas y las sociedades, inscripta en un devenir continúo del desarrollo de la personalidad en las personas y del transcurrir histórico en las sociedades. Se trata de determinada disposición frente a la vida por parte de las personas y de las sociedades en el tiempo. Esta disposición se caracteriza por un encerramiento psíquico y un automatismo físico, entre otros rasgos, como forma de existencia. El Factor Zombi tiene en esencia dos manifestaciones:

1. En la persona.

2. En la sociedad.

El Factor Zombi se puede concebir desde los siguientes puntos de vista:

1. Es un factor de la dinámica de cambio en las personas y sociedades, como ya se dijo.

2. Es una disposición particular de participación frente a la vida por parte de las personas y sociedades.

3. Es un estado mental marcado por el encerramiento psíquico.

4. Es un estado psicosomático marcado por el encerramiento psíquico y el automatismo físico.

5. Es una actitud frente al reconocimiento del mundo y la sociedad como decepcionantes.

6. Es un instrumento para predecir cambios en las personas y la sociedad.

7. Es un comportamiento de las personas, marcado por la apatía hacia todo y todos.

8. Es una enfermedad mental caracterizada por la disminución de la racionalidad, las emociones y los sentimientos.

9. Es un medio de inmunización psíquica contra lo absurdo del mundo y la sociedad. Es una especie de vacuna psíquica para contrarrestar los atropellos de la sociedad decadente.

Todas estas definiciones del Factor Zombi y muchas más son válidas, lo cual muestra el gran potencial de su estudio. A lo largo del desarrollo del tema, se verá el Factor Zombi como un factor de la dinámica de cambio en las personas y las sociedades, para facilitar la exposición y la lectura, pero el lector puede extrapolar lo expuesto hacia las otras ocho definiciones presentadas antes, sin pérdida en el alcance de la explicación.

Cuando se considera el rasgo del encerramiento psíquico en las personas con el Factor Zombi, se entiende mejor la creciente fascinación de las personas con la cultura de los muertos vivientes. Quizá ello se deba porque todos en menor o mayor grado, en algún momento de nuestra existencia hemos experimentado el Factor Zombi y nos identificamos plenamente con los arquetipos de los muertos vivientes. Tal vez, la cultura de los muertos vivientes es una expresión de nuestras experiencias bajo el Factor Zombi. El fundamento para los monstruos de los muertos vivientes comienza en el Factor Zombi tan común en la adolescencia.

Factor Zombi en la persona

Como ya se dijo, quizá el origen de la cultura de los muertos vivientes se halla en el Factor Zombi experimentado por las personas en su adolescencia. En esta edad el factor puede ser fuertemente marcado o levemente marcado. Aquí nos concentramos en el Factor Zombi de plena manifestación en las personas y en las sociedades. Si los monstruos de los muertos vivientes, tienen origen en nuestras mentes, desde las características de estos monstruos se puede reconstruir los rasgos distintivos del Factor Zombi. Esa será nuestra siguiente tarea.

A nivel individual, el factor se puede rastrear en la historia a través de elementos míticos, religiosos y folclóricos. El arte también ha contribuido con la creación de arquetipos culturales para una identificación de este factor. A nivel de la persona, se puede reconstruir la caracterización del Factor Zombi a partir de las siguientes manifestaciones culturales:

1. Mito de Sísifo
2. Lázaro
3. Frankenstein
4. Drácula

5. Eupiros
6. Nosferatus
7. Zombis
8. Casos clínicos

A nivel de la sociedad, el factor se puede rastrear en la historia a través de los acontecimientos de transición de una edad histórica a otra. El Factor Zombi se puede identificar en la transición entre los siguientes periodos históricos:

1. Edad antigua (Grecia clásica e Imperio Romano)
2. Edad Media
4. Edad Moderna (Renacimiento e Ilustración)
6. Era Postmoderna

Nos interesa aquí estudiar a las personas y sociedades cuando viven como si estuvieran muertas. No nos interesa el submundo cultural de los muertos vivientes como tal. Este submundo solo importa aquí como referencia para caracterizar el Factor Zombi.

El presente análisis busca caracterizar lo aquí denominado como Factor Zombi. Para ello se abordarán las 8 manifestaciones culturales y los 4 acontecimientos históricos enunciados antes. Después de considerar las manifestaciones y los acontecimientos, se avanzará a la caracterización del Factor Zombi como elemento para facilitar la interpretación de algunas expresiones culturales, sociales, políticas y económicas. El Factor Zombi se puede convertir en un elemento para facilitar la identificación de la continuidad en los procesos de transición de una edad individual a otra y de un periodo histórico a otro. Estos procesos ya no se nos aparecerán como tramos delimitados, sino como un continúo totalmente lógico y coherente. Los procesos sociales pueden ser entendidos con facilidad como la suma de unos procesos internos de las personas, proyectados a nivel social.

Además de lo dicho hasta el momento, se considerará el Factor Zombi como caracterizado por los siguientes rasgos:

1. El encerramiento
2. El automatismo
3. Inmortalidad
4. Indiferencia
5. Angustia
6. Lo absurdo
7. El silencio
8. El destino
9. La libertad
10. La enfermedad
11. El fracaso
12. Devorar

Para ampliación de los conceptos aquí desarrollados, el lector puede referirse a la bibliografía presentada al final de este libro.

Segunda Parte: MUERTOS VIVIVIENTES

A lo largo de la historia de la humanidad, el hombre ha proyectado un deseo de inmortalidad sobre las más diversas creaciones humanas. El deseo de inmortalidad ha tomado la forma de mito, de milagro religioso, y de seres monstruosos. El folclore es una fuente inagotable de criaturas casi humanas, llenas de inmortalidad. Lograron controlar el paso del tiempo y burlaron a la muerte.

Toda esta fascinación de la humanidad por lo inmortal después de la muerte, ha tomado la forma de diferentes productos culturales. Se han manifestado a través del mito, del hecho religioso, de las creaciones artísticas y de las elaboraciones folclóricas. Sorprende constatar como en la modernidad, una edad humana del triunfo de la razón como fundamento para entender la realidad, sea una época quizá con la mayor producción de monstruos capaces de burlar a la muerte. Cómo puede entenderse esta sin razón de la razón en pleno apogeo de la ciencia.

El Factor Zombi es un factor de dinámica de cambio a nivel de los individuos y de la sociedad. Va de disposiciones individuales hacia disposiciones colectivas y luego a individuales, marcando la dinámica de la existencia de las personas y las sociedades. La historia ha creado rupturas temporales para explicar el devenir de la humanidad, pero en realidad hay un continuo marcado por el Factor Zombi. Este factor marca una línea de tiempo sostenido, independiente de los demás factores involucrados en el cambio de las personas y de las sociedades.

En esta segunda parte se hace un pequeño esbozo de los seres instalados en el mundo de los muertos vivientes. Ellos nos darán elementos para entender mejor el Factor Zombi, aquí estudiado. Pero esta exploración también busca dar respuesta al por qué de la necesidad de monstruos inmortales. Cuáles son las condiciones y elementos de la realidad, a partir de los cuales han surgido estos seres capaces de burlar la muerte. Cuál es el asidero en la realidad para una cultura de los muertos vivientes.

Se trata de buscar los elementos de la realidad para darle vida a la cultura de los muertos vivientes. A su vez, se trata de indagar qué hay de novedoso en la cultura de los muertos vivientes para convertirse en objeto de consumo masivo a través de películas y series de televisión.

El estudio de las siguientes ocho expresiones culturales sobre los muertos vivientes, nos ayudarán a encontrar algunas respuestas: Mito de Sísifo, Lázaro, Frankenstein, Drácula, Eupiros, Nosferatus, Zombi, y Casos clínicos.

Mito de Sísifo

El mito se Sísifo es referido por la literatura en la obra clásica "La Hiliada" de Homero. Por la referencia hecha allí, se han realizado algunas elaboraciones para darle forma de texto independiente al mito. Una de esas formas es como sigue:

Mito de Sísifo

Sísifo, astuto rey de Corinto, vio de cerca el rapto de la ninfa Egina. Pero guardó el secreto, hasta que llegara la ocasión de sacarle provecho. Esperó hasta cuando el río Asopo, padre de la joven, pasara por sus tierras en busca de su hija. Antes de revelar su secreto, exigió al río, hiciese brotar una fuente cristalina en la ciudadela de su reino. Luego le contó el secreto sobre el rapto de Egina a cargo del dios Zeus. El dios convertido en águila, había cruzado los cielos con la joven para llevarla a una isla cercana. Cuando Asopo intentó rescatar a la joven, Zeus lo espantó con un rayo. El señor del Olimpo, irritado por la delación, llamó a Tánatos (la muerte) y le mandó a arrojar a los infiernos al rey de Corinto.

Tánatos, figura siniestra envuelta en negros ropajes, habitante del Hades y hermano del Sueño, llegó súbitamente a las tierras de Sísifo. La tétrica presencia no atemorizó al astuto soberano. Con mucha maña y mucho arte, Sísifo engañó al dios de la muerte. Lo invito amablemente a entrar por una puerta y, cuando Tánatos se dio cuenta de lo ocurrido, se encontró aprisionado en un calabozo. Por largo tiempo nadie murió en el mundo. Plutón estaba triste y alarmado. Los campos del mundo Inferior no se enriquecían con nuevas almas. La barca de Caronte yacía varada en un rincón, sin utilidad ni función. Era preciso restituir al mundo su orden natural. El dios de los muertos recurrió a su hermano Zeus.

Al enterarse de la situación, el padre de los dioses envió a Ares (Marte) para obligar a Sísifo a libertar a su terrible cautivo. Y la primera víctima de la muerte habría de ser el propio delator de Zeus. Al rey de Corinto sólo le quedó obedecer.

Sísifo se preparó para seguir a Tánatos a los infiernos. Antes, sin embargo, pidió un momento para despedirse de su esposa. Se llamaba Merope y era una de las Pléyades. En ese instante de los adioses, le recomendó vivamente a ella, no lo enterrase ni le hiciese funerales. Si así lo hacía, él se comprometía a regresar vivo. Sin comprender las razones del marido, la mujer obedeció.

En el centro de la tierra, Sísifo se lamentaba día y noche. Se quejaba de no haber tenido honras fúnebres. La esposa ingrata no lo había sepultado. Necesitaba volver a la superficie de la tierra para castigarla por tamaña negligencia.

Sísifo se lamentó y pidió hasta cuando Plutón acabó compadeciéndose de él y le permitió retornar al mundo por un corto tiempo. Apenas dejó el Hades, el astuto Sísifo tomó rumbos lejanos y la firme resolución de no volver a ver nunca las sombras infernales.

Sin embargo, un día, muchos años después, le faltaron las fuerzas para seguir viviendo. Estaba demasiado viejo. Ya no tenía energías para engañar a la Muerte. Fue nuevamente arrastrado a los subterráneos del mundo.

Plutón jamás había olvidado la fuga de Sísifo. Al recibirlo, por segunda vez, tomó todas las precauciones para mantenerlo en su dominio. Le impuso una tarea para no permitirle ni un minuto de descanso e impedir cualquier evasión: debía empujar montaña arriba una enorme piedra. Al llegar cerca de la cima, esta escapaba de sus manos y rodaba montaña abajo. Él debía reiniciar la tarea una y otra vez. Y así, perpetuamente, el condenado quien osara engañar a la Muerte, desciende por la ladera para retomar la piedra y recomienza su tarea sin fin y sin objetivo.

Albert Camus en su ensayo sobre el Mito de Sísifo, presenta así el mito:

Mito de Sísifo

"Los dioses habían condenado a Sísifo a subir sin cesar una roca hasta la cima de una montaña desde donde la piedra volvía a caer por su propio peso. Habían pensado con algún fundamento que no hay castigo más terrible que el trabajo inútil y sin esperanza."

"Si se ha de creer a Homero, Sísifo era el más sabio y prudente de los mortales."

"No obstante, según otra tradición, se inclinaba al oficio de bandido. No veo en ello contradicción. Difieren las opiniones sobre los motivos que le llevaron a convertirse en el trabajador inútil de los infiernos. Se le reprocha, ante todo, alguna ligereza con los dioses. Reveló los secretos de éstos. Egina, hija de Asopo, fue raptada por Júpiter. Al padre le asombró esa desaparición y se quejó a Sísifo. Éste, que conocía el rapto, se ofreció a informar sobre él a Asopo con la condición de que diese agua a la ciudadela de Corinto. Prefirió la bendición del agua a los rayos celestiales. Por ello le castigaron enviándole al infierno. Homero nos cuenta también que Sísifo había encadenado a la Muerte. Plutón no pudo soportar el espectáculo de su imperio desierto y silencioso. Envió al dios de la guerra, quien liberó a la Muerte de las manos de su vencedor."

"Se dice también que Sísifo, cuando estaba a punto de morir, quiso imprudentemente poner a prueba el amor de su esposa. Le ordenó que arrojara su cuerpo insepulto en medio de la plaza pública. Sísifo se encontró en los infiernos y allí, irritado por una obediencia tan contraria al amor humano, obtuvo de Plutón el permiso para volver a la tierra con objeto de castigar a su esposa. Pero cuando volvió a ver el rostro de este mundo, a gustar del agua y del sol, de las piedras cálidas y del mar, ya no quiso volver a la oscuridad infernal. Los llamamientos, las iras y las advertencias no sirvieron de nada. Vivió muchos años más ante la curva del golfo, la mar brillante y las sonrisas de la tierra. Fue necesario un decreto de los dioses."

"Mercurio bajó a la tierra a coger al audaz por el cuello, le apartó de sus goces y le llevó por la fuerza a los infiernos, donde estaba ya preparada su roca" (p. 59).

Factor Zombi en Sísifo

Se aprecia en este mito una primera proyección del deseo de inmortalidad por parte del hombre. Sísifo es una representación mítica de los muertos vivientes. Muere y logra engañar a la muerte para regresar al mundo de los vivos. A diferencia de los muertos vivientes representados en la literatura y el cine, este muerto no regresa con sus funciones orgánicas disminuidas. Por el contrario, parecen incrementadas por la experiencia de la carencia de ellas en el submundo.

Sísifo regresa con una capacidad mayor para apreciar los dones de la vida. Sus sentidos ahora tienen una mejor relación con la arena, con el agua, con el sol, con el mar. Este muerto viviente alcanza la resurrección, gracias a su ingenio. En vida se ingenia el truco para engañar a la muerte y volver a la vida.

En este mito se pueden reconocer los siguientes rasgos del Factor Zombi:

1. El deseo de inmortalidad.

2. El encerramiento, no de Sísifo, sino de la muerte. Debido a ello, la gente no volvió a morir.

3. Lo absurdo, representado por el hecho de llevar una roca hasta la cima de una cuesta y dejarla rodar para volver a subirla cuesta arriba.

4. El automatismo, representado por hacer la misma tarea una y otra vez.

5. La enfermedad, no le permite a Sísifo seguir escapando de la muerte y debe ir al submundo en donde recibe el castigo.

Lázaro

Desde la religión también se ha evidenciado el deseo de inmortalidad del hombre. Más allá de la promesa de la resurrección espiritual, ofrecida por el cristianismo, el caso de Lázaro ofrece una experiencia diferente. Lázaro es el símbolo de la resurrección física. No se trata de la trascendencia a otros mundos, sino de volver a experimentar este mundo con todos los sentidos. Lázaro regresa a la vida y se convierte por ello en una promesa distinta.

En la figura de Lázaro como muerto viviente, confluyen dos elementos interesantes:

1. La confusión histórica de Lázaro el revivido con Lázaro el leproso.

2. La momia egipcia, quien como Lázaro, también está cubierta con vendajes y por un sacrilegio a su tumba, regresa a la vida.

A continuación vamos a explorar estas tres figuras relacionadas con Lázaro: Lázaro el leproso, Lázaro el revivido, y la momia.

Lázaro el leproso

La creación religiosa de Lázaro el leproso, adquiere rasgos de inmortalidad, a través de la parábola del pobre Lázaro. En ella, el rico Epolón le pide a Abraham, el regreso del pobre Lázaro al mundo de los vivos, para convencer a sus hermanos del gran error cometido al apegarse a la riqueza y no a la espiritualidad. Un muerto revivido sería una prueba contundente para el arrepentimiento, dice el rico Epolón. Abraham no concede dicha petición.

Pero quizá la historia del pobre Lázaro entró con fuerza en la cultura de los muertos vivientes, debido a una confusión histórica entre el pobre Lázaro y Lázaro de Betania, quien fue revivido por Jesús.

Además de ser uno de los elementos más emblemáticos de la cultura de los muertos vivientes, Lázaro, bien como el pobre o bien como el revivido, nos interesa por un producto cultural generado a partir de esta figura. Hablamos de los lazaretos, esos lugares públicos destinados para recluir a las personas y mercancías en cuarentena, ante la sospecha de alguna enfermedad contagiosa. Los lazaretos, como veremos más adelante, son fundamentales para entender mejor la figura de Nosferatus.

Etimología de lazareto

En el siglo XII, los guerreros de Occidente marcharon a Palestina a liberar los Lugares Santos de la dominación musulmana. Habían creado una orden religioso-militar bajo la advocación de San Lázaro para el cuidado de los leprosos. A su retorno de Tierra Santa fueron acogidos por Luis VII. Él les concedió cerca de París una casa y la transformaron en un lazareto, es decir, un hospital para el cuidado de leprosos. Se pusieron bajo la advocación de este santo. Los cristianos habían designado a la lepra con el nombre de mal de San Lázaro, de acuerdo con la parábola del Evangelio de Lucas 16:19-31. En ella un enfermo presenta llagas en su cuerpo. Lázaro es considerado, desde entonces, patrón de los mendigos, de los leprosos, y de todos aquellos quienes padecen úlceras o enfermedades de la piel. Como el personaje de la parábola lleva el mismo nombre del Lázaro de Betania, hermano de María y de Marta y amigo de Jesús de Nazaret, se confundió a ambos. Esto tornó a Lázaro de Betania en protector de hospitales, leprosos, enfermeros y sepultureros.

Historia del lazareto

Históricamente, el lazareto era el lugar en algunos puertos de ciudades costeras para tener en cuarentena y observación a las embarcaciones y personas procedentes de otros países contaminados o sospechosos de contagio con alguna enfermedad grave. Era un espacio considerable, cercado y próximo al mar.

El primer Estado con una regulación sanitaria para el buen funcionamiento de los lazaretos preventivos fue la República de Venecia en el siglo XV, fundando así el primer lazareto de este tipo en 1403 en una isla pequeña muy cercana a la ciudad. Este hecho es importante para entender la naturaleza de Nosferatus, otro de los muertos vivientes del folclore. En esta isla fue enterrado Nosferatus, al lado de los muertos por la Peste Negra, según nos cuenta la película "Nosferatus en Venecia". Este lazareto sirve de puente simbólico para vincular la figura del vampiro con la figura del muerto revivido, dentro de la cultura de los muertos vivientes. Esto lo veremos en más detalle en el apartado dedicado a Nosferatus.

Los lazaretos eran lugares ventilados donde además de los edificios para el alojamiento y almacenes, había un hospital y grandes espacios y jardines. Estos establecimientos debían ofrecer la suficiente capacidad para descubrir, ventilar y purificar los efectos de comercio, sobre todo, lanas, algodones, y tejidos de toda especie. Tenían un locutorio. Así, los sujetos en cuarentena podían comunicarse con quienes venían de fuera a visitarlos. Garantizaba la conveniente separación, entre unos y otros.

Lázaro el leproso

La parábola del rico epulón y el pobre Lázaro o del hombre rico y del mendigo Lázaro, es una parábola propia y exclusiva del Evangelio de Lucas (capítulo 16, versículos 19 al 31). El evangelista la pone en labios de Jesús de Nazaret. Relata la historia de dos hombres y el destino de cada uno de ellos: el pobre Lázaro, lleno de llagas y sin socorro, es llevado luego de su muerte al seno de Abraham. El rico, en cambio, quien viste de púrpura y lino fino y disfruta de banquetes cada día, sufre tormentos en el Hades luego de ser sepultado. Al rico se le califica de Epulón, porque este era el nombre dado a uno de los rangos dentro de los cuatro colegios sacerdotales romanos.

Es la única de las parábolas en contener un nombre propio: Lázaro. En la iconografía, se lo representa acompañado por perros. Los animales le lamen las llagas. La representación de perros lamiéndole las llagas le hacen similar a San Roque, santo patrón de los afectados por la peste, aunque no existe relación entre ambos.

La Parábola

"Había un hombre rico, que se vestía de púrpura y de lino fino y hacía cada día banquete con esplendidez. Había también un mendigo llamado Lázaro, que estaba echado a la puerta de aquel, lleno de llagas, y ansiaba saciarse de las migajas que caían de la mesa del rico; y aun los perros venían y le lamían las llagas."

"Aconteció que murió el mendigo, y fue llevado por los ángeles al seno de Abraham; y murió también el rico, y fue sepultado. En el Hades alzó sus ojos, estando en tormentos, y vio de lejos a Abraham, y a Lázaro en su seno."

"Entonces, gritando, dijo: 'Padre Abraham, ten misericordia de mí y envía a Lázaro para que moje la punta de su dedo en agua y refresque mi lengua, porque estoy atormentado en esta llama'."

"Pero Abraham le dijo: 'Hijo, acuérdate de que recibiste tus bienes en tu vida, y Lázaro, males; pero ahora este es consolado aquí, y tú atormentado'."

"'Además de todo esto, una gran sima está puesta entre nosotros y vosotros, de manera que los que quieran pasar de aquí a vosotros no pueden, ni de allá pasar acá'."

"Entonces le dijo: 'Te ruego, pues, padre, que lo envíes a la casa de mi padre, porque tengo cinco hermanos, para que les testifique a fin de que no vengan ellos también a este lugar de tormento'."

"Abraham le dijo: 'A Moisés y a los Profetas tienen; ¡que los oigan a ellos!'"

"Él entonces dijo: 'No, padre Abraham; pero si alguno de los muertos va a ellos, se arrepentirán'."

"Pero Abraham le dijo: 'Si no oyen a Moisés y a los Profetas, tampoco se persuadirán aunque alguno se levante de entre los muertos'."

El pobre Lázaro comparte nombre y cierta convergencia de temas teológicos con Lázaro de Betania. En su parábola se plantea el tema de la resurrección. Vinculado con Lázaro de Betania aparece también en los evangelios Simón el Leproso, otro personaje a quien no se ha de confundir con el pobre Lázaro, llamado también Lázaro el leproso.

En la parábola del pobre Lázaro, se evidencian los siguientes rasgos del Factor Zombi:

1. La resurrección como un regreso de la muerte a la vida.

2. El aislamiento como un encerramiento, dado por la sima puesta entre los consolados y los atormentados.

3. La indiferencia de Epolón y sus hermanos, a quienes un muerto los podría hacer arrepentir.

4. El automatismo, representado en la llama quemante del rico una y otra vez.

Lázaro resucitado

La historia evangélica es referida en (Juan 11:7-18). Habla de la resurrección de Lázaro de Betania, presentado como un amigo de Jesús. Varias veces aparecen en los Evangelios visitas de Jesús a la casa de Lázaro, donde transcurre la historia de Marta y María. En la última de estas visitas, Jesús llega cuando Lázaro ya está muerto y sepultado. Jesús hace abrir el sepulcro, y a una orden suya, Lázaro resucita. El pasaje bíblico es como sigue:

Nuestro amigo Lázaro duerme, pero yo voy a despertarlo.

Sus discípulos le dijeron: Señor, si duerme, se curará.

Ellos pensaban que hablaba del sueño, pero Jesús se refería a la muerte.

Entonces les dijo abiertamente: Lázaro ha muerto, y me alegro por ustedes de no haber estado allí, a fin de que crean. Vayamos a verlo.

Al enterarse de que Jesús llegaba, Marta salió a su encuentro, mientras María permanecía en la casa.

Marta dijo a Jesús: Señor, si hubieras estado aquí, mi hermano no habría muerto. Pero yo sé que aún ahora, Dios te concederá todo lo que le pidas.

Jesús le dijo: Tu hermano resucitará.

Marta le respondió: Sé que resucitará en la resurrección del último día.

Jesús le dijo: Yo soy la Resurrección y la Vida. El que cree en mí, aunque muera, vivirá y todo el que vive y cree en mí, no morirá jamás. ¿Crees esto?

Ella le respondió: Sí, Señor, creo que tú eres el Mesías, el Hijo de Dios, el que debía venir al mundo.

María llegó adonde estaba Jesús y, al verlo, se postró a sus pies y le dijo: Señor, si hubieras estado aquí, mi hermano no habría muerto.

Jesús, al verla llorar a ella, y también a los judíos que la acompañaban, conmovido y turbado, preguntó: ¿Dónde lo pusieron? Le respondieron: Ven, Señor, y lo verás.

Y Jesús lloró.

Los judíos dijeron: ¡Cómo lo amaba!

Pero algunos decían: Este que abrió los ojos del ciego de nacimiento, ¿no podría impedir que Lázaro muriera?

Jesús, conmoviéndose nuevamente, llegó al sepulcro, que era una cueva con una piedra encima, y le dijo: Quiten la piedra. Marta, la hermana del difunto, le respondió: Señor, huele mal; ya hace cuatro días que está muerto.

Jesús le dijo: ¿No te he dicho que si crees, verás la gloria de Dios?

Entonces quitaron la piedra, y Jesús, levantando los ojos al cielo, dijo: Padre, te doy gracias porque me oíste. Yo sé que siempre me oyes, pero le he dicho por esta gente que me rodea, para que crean que tú me has enviado.

Después de decir esto, gritó con voz fuerte: ¡Lázaro, ven afuera!

El muerto salió con los pies y las manos atadas con vendas, y el rostro envuelto en un sudario. Jesús les dijo: Desátenlo para que pueda caminar.

El pasaje bíblico nos presenta una figura propia de la cultura de los muertos vivientes. Se aclara también otro mal entendido en la historia de Lázaro. La expresión de Jesús "Levántate y anda", en realidad aparece en otro milagro referido en los evangelios sinópticos (Mateo 9:5, Marcos 2:9 y Lucas 5:23), pero popularmente se ha asociado con este episodio. La expresión real es "Lázaro, ven afuera".

Los evangelios no vuelven a hacer referencia a Lázaro de Betania, después de este episodio. No nos cuenta cómo es la vida de un muerto viviente. En la historiografía religiosa, se ha tratado de documentar la vida de Lázaro, después de su resurrección. Aunque existen diferentes versiones sobre la suerte del muerto vuelto a la vida, es interesante hacer una referencia a ellas.

Lázaro de Betania

Lázaro de Betania es un personaje bíblico. Solo aparece en el Nuevo Testamento, hermano de María y Marta de Betania. Vivió en Betania, un pueblo a las afueras de Jerusalén. En su casa se alojó Jesús al menos en tres ocasiones (Mt 21:17;1 Mc 11:1,2 11.12;3 Lc 10:38;4 Jn 11:15). Es muy famoso principalmente porque según el Evangelio de Juan (11:41-44)6 fue revivido por Jesús. A partir de esta historia su nombre es utilizado frecuentemente como sinónimo de resurrección.

Durante la Edad Media se desarrollaron dos tradiciones totalmente diferentes, la ortodoxa y la occidental, y sin ningún fundamento real para explicar la vida de Lázaro de Betania después de su resurrección. Las dos tradiciones son recogidas, acríticamente y mezcladas en la Leyenda áurea.

María se entregó a la vida disoluta y los placeres. Lázaro se hizo caballero y Marta era la única en ocuparse de los asuntos domésticos y administrar sabiamente la riqueza de los tres. Podía dedicarse a la caridad con los necesitados. Cuando Cristo ascendió al cielo, vendieron todas sus posesiones y se dedicaron a la predicación de la buena nueva.

Tradición ortodoxa

Según una tradición en la Leyenda áurea (s. XIII), Lázaro se sintió buscado por los judíos para matarlo. Ello se debía a su predicación de la resurrección de Cristo. Huyó a Chipre. Allí llegó a convertirse en el primer obispo de Kittion (hoy Lárnaca), nombrado directamente por San Pablo y San Bernabé. Vivió durante treinta años. Su palio episcopal le había sido entregado por la misma Virgen María, según dice la leyenda, quien lo había tejido. En la tradición de la Iglesia ortodoxa, aunque no estén expresamente mencionadas como tales en los Evangelios, sus hermanas Marta y María se encontraban entre las Mujeres Miróforas, portadoras de miro o de mirra.

Estas dos mujeres estuvieron en el Gólgota durante la crucifixión de Jesús y más tarde llegaron a su tumba en la madrugada siguiente, día sábado con mirra, de acuerdo con la tradición judía, para ungir el cuerpo de su Señor. Las Miróforas se convirtieron en los primeros testigos de la Resurrección de Jesús. Los tres murieron en Chipre. Martha es venerada como santa en la Iglesia Católica Romana y la Iglesia Católica Ortodoxa Oriental, y conmemorada por la Iglesia Luterana y la Comunión Anglicana.

Tradición occidental

Después de la muerte de Cristo, los tres hermanos huyeron de Palestina, junto con la sirvienta Marcela, Maximino, Celidoni, José de Arimatea y otros discípulos de Cristo. Llegaron navegando a las costas de Provenza y desembarcaron en Marsella. La tradición donde se narra el viaje de Lázaro a la Galia, explica cómo éste murió martirizado en la plaza de Lenche de Marsella y fue enterrado fuera de la villa, en una antigua cantera. Servía como necrópolis, cerca del Port Vell.

Momia

La momia es una figura de los muertos vivientes, relacionada simbólicamente con Lázaro. Éste cuando es revivido por Jesús, sale de la cueva, envuelto en vendas, como si fuera una momia. La diferencia de Lázaro con la momia radica en el carácter de revivido de las dos figuras. Lázaro revive con todas las facultades de un vivo. La momia, en cambio, revive con las facultades de un muerto.

Los relatos fantásticos más antiguos sobre la momia fueron egipcios y se escribieron entre el siglo XIII y el XIV antes de Cristo. Los reunió Máspero en "Les contes populaires de Egipte ancienne". En uno de ellos, el Satni, su protagonista lucha contra los magos y las momias. El Espíritu Maligno las ha dotado de habla. En otro, la princesa Baktán, poseída también por el Maligno, anticipa la introyección del Dibouk por la Cábala.

El término momia designa al cadáver de un ser humano o de un animal conservado mediante embalsamamiento o por circunstancias naturales. Existen regiones y lugares con características de sequedad extrema, frió, alcalinidad, aislamiento de la intemperie o de los microorganismos. En ellos un cadáver se momifica en lugar de degradarse por completo. Por eso la momia se encuentra presente en diferentes culturas y regiones de la tierra, no solo en Egipto. Las de Egipto llaman nuestra atención por ser un proceso premeditado. Alrededor de ellas se han creado leyendas como parte de la cultura de los muertos vivientes.

El proceso de la momificación en Egipto tenía varias etapas, así:

1. Limpiar y perfumar por fuera el cadáver.

2. Se extraían los órganos y se guardaban en unos vasos llamados vasos canopos.

3. Se rellenaba el vientre con mirra.

4. El cuerpo era sumergido en natrón durante 70 días.

5. Se secaba bien y se rellenaba con mirra. Este procedimiento vincula a la momia con Lázaro. Su cuerpo fue ungido con mirra.

6. El cadáver se envolvía con vendas. Entre ellas se colocaban amuletos y una sustancia especial llamada mum. Las vendas son otro elemento de asociación con Lázaro.

7. Finalmente los guardaban en uno o tres sarcófagos uno dentro del otro. Este quizá es otro elemento de asociación con Lázaro. Se dejaba suficiente aire por si la persona no estaba muerta.

Los egipcios comunes no eran momificados, pero eran enterrados en fosas donde el calor y las condiciones secas del desierto, los momificaban naturalmente. Este proceso se da en las tumbas predinásticas de Nagada. Allí los cuerpos permanecían enteros y enterrados en fosas sencillas, cavadas a poca profundidad. Gracias al contacto directo con la arena del desierto, a veces estos cuerpos se han conservado muy bien.

En esta práctica egipcia podemos observar varias confluencias con el ritual funerario de Lázaro. Había sido ungido con mirra. Su cuerpo fue envuelto en vendas. Fue enterrado en una cueva. Es decir, no había privación de la circulación del aire, en caso de haber sido enterrado vivo. Esto es fundamental para cualquier explicación científica de la resurrección de Lázaro, como se verá más adelante en el apartado de "Casos Clínicos". Quizá el caso de Lázaro esté relacionado con un cuadro clínico de catalepsia.

Factor Zombi en Lázaro

El caso de Lázaro se ofrece como el episodio histórico de mayor fuerza para dar soporte a cualquier cultura de los muertos vivientes. Lázaro, a diferencia de las otras figuras representativas de los muertos vivientes, se inscribe en un devenir histórico en donde su resurrección puede testificarse como un hecho real. Él es quizá el único en volver a la vida después de la muerte. Lo demás son creaciones míticas, religiosas o folclóricas.

Cuando se estudian las creaciones de los muertos vivientes, una pregunta subyace en el fondo: ¿Qué elementos de la realidad han disparado la imaginación de las personas para crear dichos monstruos? La historia de Lázaro debería plantear menos cuestionamientos, al momento de erigirse como elemento de soporte para las historias sobre los muertos vivientes.

En la historia de Lázaro, podemos identificar los siguientes rasgos del Factor Zombi:

1. La inmortalidad, representado por el regreso de Lázaro a la vida, después de su muerte.

2. Lo absurdo, representado por la percepción de quienes conocieron a Lázaro. Para ellos, Lázaro no debería haber muerto. Si Jesús hubiera estado en Betania, él no habría muerto, parece ser la conclusión de sus familiares. La pregunta sería, ¿por qué los demás pueden morir y Lázaro no? Y otra pregunta importante, ¿por qué Jesús debe evitar la muerte de Lázaro? Y además, ¿qué podría haber hecho Jesús para evitar su muerte si hubiera estado presente? Estas preguntas le pueden dar mucho peso a la hipótesis de un estado de catalepsia en Lázaro y por eso Jesús puede revivirlo.

3. El encerramiento, representado por la cueva donde es enterrado Lázaro.

4. La indiferencia, representada por Jesús para acudir al llamado de su amigo enfermo.

5. La angustia, propia de las hermanas de Lázaro.

6. El automatismo momentáneo durante la salida de Lázaro de la cueva, cubierto de vendas.

7. El silencio de Jesús cuando se le avisa de la enfermedad de Lázaro.

8. El destino representado por las afirmaciones de sus hermanas. Si Jesús hubiera estado allí, no habría muerto, es el reclamo de ellas. Parece un destino implícito por el cual Lázaro deba seguir viviendo, a pesar de su enfermedad.

9. Libertad ejercida por Jesús para revivir a un muerto. Agradece a su padre por haberlo escuchado.

10. La enfermedad es un rasgo básico en la historia de Lázaro, pero nunca se nos dice cuál es la enfermedad.

11. El fracaso se cifra en el esfuerzo infructuoso de las hermanas de Lázaro para hacer regresar a Jesús cuando su hermano todavía está vivo.

12. Devorar es un rasgo tardío en Lázaro y se hace presente por una confusión histórica cuando se confunde al pobre Lázaro con Lázaro de Betania. La figura de Lázaro en la cultura de los muertos vivientes, adquiere así el rasgo de ser devorado por la lepra.

Frankenstein

Este monstruo de los muertos vivientes, es una creación literaria. Pero a pesar de ser una creación literaria, se nos ofrece como un monstruo producto de la ciencia. La autora del libro, según se pudo establecer, tomó como fundamento de la realidad para su creación, algunos experimentos de la época. Es decir, este personaje tiene fundamentos científicos tomados de la realidad. No es imaginación pura.

En Frankenstein confluye por características de creación, otro producto creado no desde la ciencia, sino desde la religión. Se trata del Golem.

1. Frankenstein es creado con partes de diferentes muertos y se le insufla vida mediante descargas eléctricas.

2. El Golem es creado con tierra roja como un hombre primero, un Adán, producto del hombre. Se le insufla vida mediante la palabra indecible: el nombre de Dios.

A continuación presentamos con más detalle estas creaciones del mundo fantástico de los muertos vivientes.

Luis Carlos Molina Acevedo

El Golem

Juan Jacobo Bajardía, en su obra Historias de Monstruos, nos presenta el Golem de la siguiente manera:

El primer tratado de la kabbala fue escrito entre los siglos VII y VIII. Llevaba un título irrebatible: "Sepher Yetsirá" (Libro de la creación). Cinco siglos después, basándose en la misma revelación (la potencia creadora de la palabra divina) Yehudá ha-Levy, al escribir en el año 1135 "El Kuzarí", repetirá la misma fórmula: la relación entre palabra y escritura. En la divinidad son una misma cosa. Y la relación entre escritura y obra. En el hombre se convierten en acción creadora. Este autor, al exponer su teoría cabalística, agrega una segunda inferencia: el vínculo entre la palabra y el número. La palabra crea fundada en una virtud numérica. Tiene potencia nominativa, la cual es recibida de la divinidad. Este principio, contenido en el Génesis (II, 19) fue utilizado por Yehudá Lów, rabino de Praga, muerto hacía 1609.

El producto de esa meditación del gran rabino fue el Golem, el primer hombre manufacturado, el cual aterrorizó a Praga en el siglo XVI. El rabino de Praga se había anticipado a todos al crear el primer robot. Él lo llamó Golem, por ser la arcilla de su formación, una masa torpe, sin sentido, acaso demoníaca. Y el rabino Lów construyó sus extremidades, su estatura agigantada. Formó sus ojos y su boca. Debajo del paladar, escrito sobre un papel, puso el nombre numérico, impronunciable: Yahvé. Y lo dotó de automatismo. El automatismo provenía del nombre sagrado. Y el Golem se lanzó sobre Praga. Cuando el rabino le retiraba el papel, el robot descansaba. Quedaba sumido en su vacuidad inacabable.

Pero el Golem era bueno. Aún no había pensado por sí mismo, ni el rabino lo había creído alguna vez capaz de rebelarse contra su propio creador. Le ordenó algunos trabajos. Uno de éstos lo relata Ben Zion Bokser en su "From the World of the Cabbalah The Philosophy of Rabbi Judah Loew of Fragüe" (1963). En esa época perseguían a los judíos inventándoles el asesinato ritual.

Entonces Rabí Lów se acercó al Golem, le introdujo el nombre sagrado, y le dijo: "Mis hermanos son víctimas de la impiedad. Tú llevas la chispa que yo te he transmitido. Muchos son los asesinos. Pero tú debes descubrir al principal."

Y el Golem, guiado por el número, por la palabra numérica bajo su paladar, se lanzó a las calles de Praga. Y vio a un hombre. Él introducía el cadáver de un cristiano en la casa de un judío. "Tú quieres acusarlo de asesinato ritual", le dijo el Golem. Luego lo levantó vertiginosamente, como una brizna, y lo llevó con el cadáver ante las autoridades donde el culpable confesó su impiedad.

Un día, sin embargo, el Golem cumplió a medias las órdenes de Rabí Lów.

La bondad del monstruo se fue modificando. Su naturaleza rígida, automática, comenzó a rehacerse por sí misma. Los reflejos se generaban en él y no desde afuera. El rabino advirtió el peligro demoníaco encerrado en esa arcilla. Podía autodeterminarse en cualquier momento. Entonces lo despojó del nombre numérico, creador, y lo destruyó.

El tema del Golem no se agota con Rabí Lów, de Praga. Alberto Magno creó el suyo y lo dotó de perspicacia. Pero Santo Tomás de Aquino advierte un día su automatismo demoníaco y le descarga su bastón para destruirlo. El amigo no se disgustó con el santo. Paracelso, en el siglo XVI, también manufacturó un Golem. Goethe, inspirado en aquél (suscribo la sospecha de Bokser), ideó el Fausto. Alberto Magno y Paracelso, con sus procedimientos esotéricos, influirán después en Mary Shelley para crear, en la ficción de Frankestein or the Modem Prometheus (1817), el monstruo. Será la ruina de su hacedor, un médico quien ha descubierto "el principio de la vida". El monstruo le exige una compañera. Pero el doctor Frankenstein se niega. Aquél se venga dedicándose al crimen y asesinando a todos los suyos. El mismo médico perece en su persecución. Cuando el monstruo se queda definitivamente solo, sin su creador, busca la pira funeraria para sucumbir.

Frankenstein

El monstruo de Frankenstein es un personaje de ficción que apareció por primera vez en la novela de Mary Shelley "Frankenstein o el moderno Prometeo". Se trata de un ser creado a partir de partes diversas de cadáveres diseccionados, al cual le es otorgada la vida cuando es reanimado por el Dr. Víctor Frankenstein durante un experimento. El personaje ha llegado a formar parte de la cultura popular y ha sido fuente para la creación de otros personajes de novelas, comics, series televisivas y películas.

En la novela, originalmente la criatura no tiene nombre, pero las personas terminan refiriéndose a él por el nombre de su creador, el doctor Frankenstein. El monstruo pasó a ser parte de la tradición, cuando la historia de Mary Shelley fue adaptada en obras serias y cómicas en Londres y París. El teatro fue el mejor medio de difusión para este personaje literario. Enmarcado en la tradición de la novela gótica, el texto explora temas tales como la moral científica, la creación y destrucción de vida y la audacia de la humanidad en su relación con Dios. De ahí, el subtítulo de la obra: el protagonista intenta rivalizar en poder con Dios, como una suerte de Prometeo moderno, arrebata el fuego sagrado de la vida a la divinidad. Es considerado como el primer texto del género ciencia ficción.

Génesis

Quizá en la expresión de Frankenstein, es en donde mejor se pueden evidenciar elementos de la realidad como punto de partida para la creación del monstruo. Una serie de experimentos científicos conectan a la cultura de los muertos vivientes con la realidad.

En 1816, Mary Shelley y su esposo hicieron una visita a su amigo Lord Byron. Éste residía en Villa Diodati, Suiza. Después de leer una antología alemana de historias de fantasmas, Byron retó a los Shelley y a su médico personal John Polidori a componer, cada uno, una historia de terror. De los cuatro, sólo Polidori completó la historia. Pocos días después, Mary tuvo una pesadilla o ensoñación y escribió con ello el tema del cuarto capítulo del libro. Se basó en las conversaciones con Polidori y su esposo respecto de las nuevas investigaciones sobre Luigi Galvani y de Erasmus Darwin. Trataban sobre el poder de la electricidad para revivir cuerpos ya inertes.

Byron para cumplir con su parte de la apuesta, se las arregló para escribir un fragmento basado en las leyendas sobre vampiros. Las había oído durante sus viajes a través de los Balcanes. Polidori, a su vez, utilizó este fragmento de Byron para crear la novela "El Vampiro" en 1819. Es la primera referencia literaria de este subgénero del terror. Los temas de Frankenstein y el vampiro, en la literatura, fueron creados más o menos en la misma circunstancia.

Para la creación del personaje del doctor Frankenstein, una referencia fue el científico amateur Andrew Crosse. Mary Shelley conocía las actividades de él a través de un amigo común, el poeta Robert Southey. Crosse solía experimentar con cadáveres y electricidad. Ésta energía era todavía poco estudiada y estaba rodeada de un halo de misterio y omnipotencia.

El 28 de diciembre de 1814, Mary asistió a una conferencia de Crosse. En ella le conoció personalmente y extrajo muchos datos acerca de cómo creaba vida a partir de la electricidad. En 1807, Crosse había empezado el experimento de creación de vida a partir de "electro-cristalización" de materia inanimada. El mismo año afirmó haber creado pequeñas criaturas en forma de insectos. El científico nunca llegó a explicar el supuesto fenómeno. Muy probablemente Crosse sólo criara pequeños insectos a partir de huevos depositados en su "materia inanimada", por falta de esterilización de la muestra.

En cuanto al subtítulo de la obra, Prometeo se presenta a veces como el escultor de la humanidad, un titán quien, según explicaría esta leyenda, creó al hombre a partir de la arcilla. La novela no es una simple reescritura del mito clásico. A diferencia del titán, el moderno Prometeo no es castigado por los dioses, sino por su propia creación. La descripción de la criatura realizada por Mary Shelley se nutre directamente del personaje de Satán en el "Paraíso perdido" de John Milton

Algunas afirmaciones de este monstruo, nos pueden dar mejores indicios para entender la cultura de los muertos vivientes:

1. Aprecio la vida aunque sólo sea una sucesión de angustias, y la defenderé.

2. Yo era afectuoso y bueno; la desgracia me ha convertido en un demonio. Hazme nuevamente feliz y volveré a ser virtuoso.

3. Soy malo porque soy desdichado.

4. A menudo mi situación se comparaba con la de Satanás pues sentía envidia de los humanos que tuvieron la gracia de su creador.

5. Pude haberlo matado, arrojarlo al piso y destrozarlo, pero en vez mi corazón se encogió ante la muestra de su extrema crueldad y lo único que hice fue huir y llorar amargamente en mi escondite.

6. De ti depende que abandone para siempre la vecindad humana y lleve una vida inofensiva o que me convierta en el azote de tus semejantes y en causa de tu pronta ruina.

7. ¡Despiadado creador! Me has dado sentimientos y pasiones, pero me has abandonado al desprecio y al asco de la humanidad.

8. En todo signo de alegría adivinaba una burla, un insulto hacia mis sentimientos, una nueva demostración de que no estaba destinado a la felicidad ni a los gozos de la vida.

9. Las estrellas brillaban en el cielo, como burlándose.

10. Maldecirás al sol que alumbra tu desgracia.

11. ¡Maldito creador! ¿Por qué me hiciste vivir? ¿Por qué no perdí en aquel momento la llama de la existencia que tan imprudentemente encendiste?

12. Maldito sea el día en que recibí la vida, maldito sea mi creador.

13. ¿No he de odiar, pues, a quienes me aborrecen? No tendré contemplaciones con mis enemigos, soy desgraciado y ellos han de compartir mi desgracia.

14. ¡Qué extraña cosa el conocimiento! Una vez que ha penetrado en la mente, se aferra a ella como la hiedra a la roca.

15. Satán tuvo compañeros, diablos como él, que lo admiraban y alentaban. Yo, por mi parte, estoy solitario y odiado.

16. Y cuando me convencí de que era el monstruo que soy, me acometió un profundo sentimiento de pena y mortificación.

17. Yo, como Satanás, llevaba un infierno en mi interior y, al comprender mi aislamiento, quería

destrozar los árboles, esparcir la destrucción a mi alrededor, para sentarme luego a contemplar con fruición aquellas ruinas.

18. Aunque sea sólo un cúmulo de infelicidad, la vida me es querida y la defenderé.

19. Si no he de inspirar amor, inspiraré temor.

Frankenstein es quizá el monstruo con más capacidad de reflexión sobre sí mismo. Las anteriores reflexiones muestran bastantes rasgos del Factor Zombi. Mientras Sísifo y Lázaro regresan a la vida con todas sus facultades y toda la capacidad orgánica de los vivos, a Frankenstein le son otorgadas a través del poder de la electricidad. En su organismo es una diversidad, pero en su pensamiento y emociones es una unidad. Frankenstein como muerto revivido tiene todas las cualidades de los vivos, menos la apariencia. Su monstruosidad física lo aísla de los demás.

Anubis

En la cultura de los muertos vivientes, la figura de Anubis está semánticamente unida a la figura de Frankenstein. Los dos tienen una relación con la muerte muy similar. Los dos son manifestaciones similares de la cultura de los muertos vivientes. El doctor y el dios, son capaces de generar vida a partir de la unión de partes separadas de los cuerpos.

Anubis es un dios funerario del antiguo Egipto, maestro de las necrópolis y patrón de embalsamadores. Es representado como un gran cánido negro acostado sobre su estómago, probablemente un chacal o un perro salvaje, o como un hombre con cabeza de perro. Probablemente, la forma canina del dios fue inspirada por el comportamiento de los caninos. Son carroñeros, oportunistas, paseando por la noche en los cementerios en busca de cadáveres.

Una versión del griego Plutarco en el siglo II de nuestra era, muestra a Anubis como el hijo ilegítimo de Neftis y Osiris. Cuando Osiris fue asesinado y desmembrado por Seth, Anubis participó en la reconstrucción del cuerpo de Osiris, inaugurando, con este gesto, la práctica de la momificación. Como el doctor Frankenstein, Anubis también reconstruye a Osiris con varias partes orgánicas, en este caso del propio cuerpo desmembrado del dios.

Anubis tiene los siguientes atributos:

1. Momifica los cuerpos para hacerlos incorruptibles y eternos.

2. Purifica los corazones y las agallas contaminadas por la bajeza terrestre.

3. Evalúa las almas con el pesaje del corazón

4. Proporciona muchas ofrendas de alimentos, así el difunto alcanza el rango de ancestro digno.

5. Está relacionado con la muerte

6. Está relacionado con la resurrección después de la muerte.

7. Es pintado en color negro, el color de la fertilidad.

Factor Zombi en Frankenstein

Los rasgos del Factor Zombi en Frankenstein, son los siguientes:

1. La inmortalidad, al ser una creación científica a partir de partes de varios muertos, su chispa de vida no es de origen divino. La electricidad le ha dotado con una fuente inagotable de vitalidad. Sólo el fuego puede destruirlo.

2. El encerramiento, representado por su aislamiento para ocultarse de los seres humanos. Su monstruosidad física le impide la aceptación por parte de los vivos.

3. El automatismo, representado por la electricidad como elemento artificial para lograr su locomoción.

4. La angustia, causada por la persecución humana hacia el monstruo.

5. La indiferencia como reacción a su desgracia y por eso los demás deben padecer su desgracia. Si no puede inspirar amor, inspirará temor.

6. Lo absurdo reflejado en lo contradictorio de percibir la vida como un cúmulo de infelicidad y aún así desea defenderla.

7. El silencio, producto del aislamiento ante sus emociones no controladas. El silencio de la soledad ante la falta de compañía.

8. El destino de matar a su creador y de matarse a sí mismo para alcanzar la redención.

9. La libertad perdida cuando se convierte en atracción circense.

10. La enfermedad del alma al sentir odio contra la especie humana. La apariencia de su cuerpo es la de un enfermo, del cual se debe huir para evitar el contagio.

11. El fracaso al no tener una compañera con quien vivir su vida.

12. Asesinar al doctor Frankenstein es como devorar a su creador para alimentar su necesidad de paz interior.

Los rasgos más antiguos de Frankenstein, quizá se encuentran en la figura de Anubis. Pero en Frankenstein, creador y creación terminan confundidos en el mismo nombre. Cuando se usa el término Frankenstein, siempre quedará la ambigüedad de saber si se hace referencia al monstruo o al doctor. En el caso de Anubis, no hay esa confusión. La creación tiene nombre propio: Osiris.

Drácula

La figura más representativa de los vampiros es Drácula. Creado desde la literatura, ha atravesado diferentes escenarios de la cultura de los muertos vivientes. Este monstruo, a diferencia de los anteriores, comienza a mostrar unos rasgos particulares. En Drácula, la necesidad de alimentarse de los humanos, es marcada. Bebe su sangre para mantenerse vivo. Es una especie de canibalismo cristiano. "Bebed todos de él porque este es el cáliz de mi sangre", dice Jesús. Aquí se plasma el mito de la sangre como fuente de vida.

Drácula se nos presenta como un ser natural. Adquirió existencia por sí mismo, pero tiene la capacidad para convertir a los humanos en vampiros similares a él. Sólo debe morderlos en la yugular y beber parcialmente su sangre para convertirlos. Él es el original, pero también es la fábrica para crear nuevos especimenes. Es el creado y el creador a la vez. Él no está condenado a vivir solo como Frankenstein.

El vampiro en el folclore

Quizá los elementos de la realidad para dar soporte a esta expresión cultural, se encuentran en el folclore. Es decir, una creación popular aporta los elementos para una creación más elaborada.

Un vampiro es, según el folclore de varios países, una criatura maligna. Se alimenta de sangre de seres vivos para mantenerse activo. En algunas culturas orientales y americanas aborígenes, el vampiro es una deidad demoníaca o un dios menor. Forma parte del panteón siniestro en sus mitologías.

En la cultura europea y occidental, así como en la cultura global contemporánea, el prototipo de vampiro más popular es el de origen eslavo. Es un ser humano convertido, después de morir, en un cadáver activo o depredador chupa sangre.

Según el folclore, una de las protecciones contra los vampiros es arrojar un puñado de granos de trigo o cereal cerca de las camas. Si un vampiro se tropieza con ellos se verá obligado a contarlos uno tras otro hasta terminar. Otros vampiros muestran poderes mágicos para controlar a los animales, el tiempo atmosférico, o crear ilusiones. Sólo en algunas ocasiones la figura del vampiro se asimila con la del hechicero.

Por lo general, debido a su estado de no muerto, los vampiros folklóricos y literarios son estériles, pero el Dampiro se presenta como el descendiente de la unión entre un vampiro y un ser humano en el folclore serbio y de otros lugares de los Balcanes.

Orígenes del mito

El mito del vampiro en el folclore de muchas culturas, desde tiempos inmemoriales, proviene inicialmente de la necesidad de personificar uno de los arquetipos primordiales en el inconsciente colectivo. Según los conceptos de Jung, es la denominada "sombra", la cual representa los instintos o impulsos humanos reprimidos más primitivos y sería la encarnación del mal como entidad, y una representación del lado salvaje del hombre o su atavismo bestial, latente en su sistema límbico y en conflicto permanente con las normas sociales y religiosas. La sombra está representada por todo lo negado. Es el polo opuesto de cuanto aceptamos. En la sombra el hombre ubica todo cuanto teme.

El mito, como es conocido en nuestros días, es realmente una combinación compleja de varios temores y creencias humanas. En el vampiro se expresan las siguientes características:

1. Temor a los bajos instintos.

2. El atributo de la sangre como fuente de poderío o vehículo del alma.

3. El temor a la depredación, a la enfermedad.

4. Temor a la muerte y al cadáver como su expresión más palpable.

5. La fascinación temerosa por la inmortalidad.

6. El instinto de supervivencia.

Para algunos estudiosos, el mito del vampiro se debe a la necesidad de explicar, en medio de una atmósfera de pánico colectivo, las epidemias en

Europa, causadas por enfermedades reales. Luego la ciencia las explicó racionalmente.

Etimología

La palabra "vampiro" fue incluida por primera vez en el diccionario de la Real Academia de la lengua española en la 9a edición de 1843. Establece su origen en el término "vampire", usado en inglés y francés. Proviene a su vez del término vampir en lenguas eslavas y del alemán. Se deriva del polaco wampir. Éste, a su vez, deriva del eslavo arcaico oper, con raíces indoeuropeas paralelas en el turco y en el persa.

Significa a la vez "ser volador", "beber o chupar" y "lobo", además de hacer referencia a cierto tipo de murciélagos hematófagos.

Atributos

Entre los eslavos, griegos y pueblos de Europa del este, un cadáver desenterrado era considerado vampiro si:

1. Su cuerpo parecía hinchado y le salía sangre, presuntamente de sus víctimas, de la boca o la nariz.

2. Se notaban sus uñas, pelo y dientes más largos.

3. Poseía un aspecto más saludable de lo esperado, mostrando piel sonrosada y pocos o ningún signo de descomposición.

Se aprecia en estas consideraciones los elementos de la realidad sobre los cuales se comienza a construir el mito del vampiro. Todo apunta a hechos circunstanciales por fuera de lo común. A partir de ellos se tejen las historias populares sobre vampiros.

Según algunas culturas, tienen la posibilidad de transformarse en insecto, murciélago, rata, lobo o en niebla. La forma más mencionada en la cultura popular es la del murciélago. Se alimentan primordialmente de la sangre de sus víctimas. Hay algunas descripciones de antropófagos. En algunas culturas la base de su sustento no es la sangre, sino el "fluido vital" humano, o la energía psíquica.

Los vampiros, por su naturaleza demoníaca, no soportan los símbolos cristianos. Pueden ser alejados usando una cruz cristiana o con agua bendita. No pueden cruzar por terrenos consagrados como los de una iglesia. En algunas zonas de Europa del este, el vampiro es un ser lujurioso. Vuelve al lecho conyugal con su esposa. Procrean criaturas con características especiales, denominadas dhampiros.

Ley Sálica

Las creaciones folclóricas llegaron a tener fuerza y realismo insospechados. El vampiro logró existencia propia por fuera de la mente de las personas. Se debieron adoptar medidas de seguridad para protegerse de ellos. Un ejemplo de ello es la Ley Sálica.

Entre los francos la Ley Sálica, promulgada en el siglo V, prevé multas a quienes practiquen el vampirismo: "...La mujer vampiro que devore a un hombre, comprobándose su culpabilidad, deberá pagar una multa de 8000 deniers, o sea, 200 sous". Esto suena un tanto absurdo, visto desde nuestra realidad presente. Pero la ley demuestra además, una mayor antigüedad del mito del vampiro. El vampiro entró primero en la legislación, mil cuatrocientos años antes de entrar en la literatura.

El vampiro en la ciencia

En el siglo XVIII y en el contexto de la Ilustración surgieron escritos críticos buscando desvirtuar el mito del vampiro. Voltaire dedica al tema un aparte en su "Diccionario Filosófico" y Fray Benito Jerónimo Feijoo dedica al tema de "Vampiros y brucolacos" una de sus "Cartas eruditas y curiosas" en 1774. Se ve motivado a ello por el tratado sobre vampiros del fraile Augustin Calmet. Para él, estos sucesos son el resultado de una imaginación supersticiosa y del embuste. Con el tiempo, otros eruditos y científicos han tratado de explicar los orígenes del mito y sus fenómenos a la luz de las ciencias exactas y sociales.

El neurólogo español, Juan Gómez Alonso, propone una convincente explicación del mito a partir de ciertas enfermedades, por sus síntomas y signos, así como por su impacto social. Desde ellas se podría dar algún sustento científico a la leyenda del vampiro, sobre todo el del folclore europeo. Esta explicación la presentaremos más adelante en el apartado Casos Clínicos de esta segunda parte del presente libro.

Vampiros en la literatura

Aunque figuras y personajes de vampiros con diversos rasgos han aparecido en la mitología, la cultura oral y la literatura, desde la antigüedad, la primera aparición del vampiro literario moderno se produjo en las baladas góticas del siglo XVIII. Saltó al ámbito de la novela con "The Vampyre" de Polidori (1819), como ya se dijo en el apartado de

Frankenstein. Posteriormente se popularizaría como figura de los relatos de terror. La historia de "Carmilla" (1872), de Sheridan Le Fanu, resultó muy influyente en el género. Perfiló también la imagen del vampiro gótico. Pero sin duda, la obra maestra y completa del género es "Drácula" de Bram Stoker (1897). Pero como ya se dijo, Drácula se populariza a través de su representación en el teatro, no de la obra literaria como tal. Desde el siglo XX las historias de vampiros se han diversificado, no sólo aportando elementos nuevos, sino también introduciendo elementos de otros géneros como las novelas de suspense, fantasía, ciencia ficción y otros géneros menos habituales.

El siglo XVIII

La literatura de vampiros hunde sus raíces en una fiebre sobre monstruos, fundamentada en varios hechos de la vida real. Se extendió por Europa en el período entre 1720-1740. En diversos espacios comenzaron a moverse peculiares historias sobre exhumaciones de no-muertos, con testigos letrados y jurídicos titulados en varios lugares de Europa Oriental. Ellos obraban como testigos oficiales de tales hechos. El caso más representativo de estos no muertos es el Arnold Paole en Serbia, durante el gobierno de la dinastía de los Habsburgo.

Desde este escenario legal, el vampiro se fortaleció en la creencia popular. Si se necesitaban testigos oficiales, algo de cierto habría en ello, parecía ser el pensamiento popular. El vampiro se abrió paso a las tradiciones folclóricas donde halló un terreno propicio para quedarse. Canciones, sin autor, evocaban sus hazañas en los países de Europa Oriental. Una revista alemana, editada en Leipzig, consagró en 1748 un número dedicado a los vampiros. El vampiro, en este caso, no se refería a ninguna historia de muertos vivientes, sino a la del valiente amante. Él amenazaba con galantería a su amada de convertirse en un vampiro si ella no accedía a sus amores. Prometía vengarse de ella, visitando su habitación por las noches para demostrar por qué su amor era superior a las enseñanzas cristianas.

Estas primeras canciones solían ser de temática amorosa. Muestran a personas regresando de la tumba para visitar a sus seres queridos y causar su ruina de una forma o de otra. No se trata de un contagio entre vampiros, sino de una magia póstuma bien producida por maldiciones o juramentos incumplidos para provocar la aparición de los no muertos. En cierto sentido, se trata de una influencia de "la Danza de la Muerte" medieval. La muerte viene en medio de danza a buscar a los vivos sin importar su situación ni posición social.

Gottfried August Bürger realiza el primer tratamiento literario de la superstición sobre el vampiro. En "Lenore", poema publicado en 1773, relata la historia de una joven. Al final de la Guerra de los Siete Años, se angustia por no tener noticias de su prometido. A media noche golpean su puerta. Lenore abre y reconoce enseguida a su amado. Viene a buscarla para casarse con ella. Él la sienta en su caballo y galopan a la luz de la luna, atravesando paisajes espectrales. La muchacha quiere saber por qué cabalgan tan rápido. El novio espolea y dice: "Porque los muertos viajan deprisa". Lenore responde: "Deja a los muertos tranquilos". Cerca del amanecer entran a un cementerio. Mientras el caballo avanza, el novio va perdiendo su forma humana y el lecho nupcial se revela como el nicho en donde yace el esqueleto del novio. Un cortejo de espectros danza una ronda macabra y repite la tardía advertencia: "No hay que medirse con Dios."

En 1797 Johann Wolfgang Goethe publica "La Novia de Corinto", una expresión del conflicto entre paganismo y cristianismo. Los familiares, de la mujer muerta en la historia, son cristianos. El joven y sus parientes son paganos. La versión de Goethe presenta algunos puntos de contacto con el argumento de "La religiosa" de Diderot, publicada en 1796. La muchacha muere de pena porque sus padres no la dejan casarse y quieren encerrarla en un convento. Para vengar la dicha arrebatada, abandona por la noche el sepulcro. Se presenta en la habitación de su prometido y, tras gozar con él como jamás lo ha hecho en vida, lo convierte en vampiro. Cuando es descubierta, la muchacha vuelve a morir y sus parientes rompen la maldición. Queman su cuerpo fuera de las murallas de la ciudad.

Lenore inspiró a Samuel Taylor Coleridge para su "Christabel" en 1816. Es la primera mención de los vampiros en la literatura inglesa y cuenta la historia sobrenatural de una muchacha. Robert Southey, compuso su monumental poema épico Thalaba el Destructor. Oneiza, la amada muerta de Thalaba, se convierte en una vampira. Según consigna el propio Southey en su edición anotada del poema, la escena se inspira en "Viaje al Levante" de Tournefort y en el famoso caso del vampiro Arnold Paole, referido por el abate Calmet en su ensayo sobre vampiros de 1746.

Durante el cambio al siglo XIX continúan publicándose baladas góticas. Utilizan la figura del vampiro. En su poema épico "El Giaour" de 1813, Lord Byron alude al vampiro como figura trágica. Está condenada a beber la sangre y a destruir la vida de sus seres queridos. La propia vida decadente de Byron se convirtió en el modelo del protagonista no muerto, Lord Ruthven, en "El Vampiro". Muestra los rasgos del vampiro romántico: un atractivo aristócrata de astucia y encanto malignos, una criatura de tez pálida y hábitos nocturnos. En contraste, el vampiro del folclore popular era un monstruo horrible, hinchado de sangre, y nada atractivo.

Entre las muchas publicaciones populares cabe destacar el folletín por entregas de "Varney el Vampiro o El Festín de Sangre" en 1845. Durante dos años publicó sangrientas aventuras en 109 entregas semanales y 220 capítulos. El protagonista, Sir Francis Varney, es el primer vampiro literario, puesto en la escena clásica de entrar por una ventana para beber la sangre de una joven dormida.

Dumas padre publica en 1849 "La dama pálida". Guy de Maupassant escribió en 1876 "El Horla" cuya historia se ambienta con la presentación de un caso clínico. En la incipiente ciencia psiquiátrica del siglo XIX comienza a ser considerado el vampirismo como un síntoma de perturbación mental.

Hoffmann introduce al vampiro en el romanticismo alemán con su obra "Vampirismo" de 1819. En 1884 Karl Heinrich Ulrichs escribe

"Manor". Por primera vez el vampirismo aparece como una metáfora directa de la homosexualidad masculina.

El relato "Berenice" de Edgar Allan Poe en 1835, introduce el vampiro en Estados Unidos. En "El Misterio de Ken" de 1883, Julián Hawthorne traslada la leyenda a Irlanda. La asocia con el mito de La Llorona, muy popular en México y en el sur de los Estados Unidos.

En 1835 el ruso Nikolái Gógol con "El Viyi", introduce el vampiro en los países de Europa Oriental. Toma muchos elementos del folclore de su país. Presenta a la ignorancia y la pobreza como causa de la superstición. El relato "Upiros", de Alekséi Konstantínovich Tolstói en 1841, es una farsa cruel y apocalíptica de la aristocracia rusa. Sus miembros decrépitos viven de baile en baile, celebran orgías criminales en la soledad de sus castillos y se nutren de la sangre de sus hijos.

El nicaragüense Rubén Darío con "Thanatopía" de 1893, introduce el tema del vampiro en la lengua castellana. La escritora gallega Emilia Pardo Bazán escribe "Vampiro" en 1901. El autor uruguayo Horacio Quiroga, entre sus cuentos y relatos de terror incluye en ocasiones vampiros o temas sobre vampiros como en "El almohadón de plumas" de 1905, y "El vampiro" de 1927.

Bram Stoker

En 1897, Bram Stoker publica su novela "Drácula". Ha sido considerada como la obra cumbre de la literatura de vampiros. Reúne en sí muchos elementos de las obras sobre vampiros del siglo XIX en un conjunto coherente y unificado. En la novela el vampirismo es tratado como una enfermedad sobrenatural, una especie de posesión demoníaca contagiosa. Contiene insinuaciones eróticas, sangre, muerte y un estilo marcadamente victoriano, donde enfermedades como la tuberculosis y la sífilis eran muy conocidas y temidas. El nombre del Conde Drácula fue inspirado por un personaje real e histórico, Vlad III Draculea, también conocido como Tepes, El Empalador, un destacado voivoda valaco del siglo XV.

Stoker introdujo en su novela abundantes referencias folclóricas como:

1. El horario nocturno
2. La tierra profanada
3. El beber sangre
4. La transformación del vampiro en animales.
5. El dormir en ataúdes.
6. La necesidad de tierra del lugar de origen cuando el vampiro se desplaza a un lugar distinto.

También aportó elementos de su cosecha como:

1. Relación del vampiro con los murciélagos bebedores de sangre de Sudamérica.
2. El cazador y experto en vampiros Abraham Van Helsing. Junto con Drácula, se convirtió en un arquetipo de personajes similares en el género.

3. El vampiro puede trepar sobre superficies verticales como los muros de su castillo. Lo hace con forma de un lagarto.

4. La incapacidad del vampiro para reflejarse en los espejos.

5. Tiene dientes afilados.

6. Sus labios son especialmente rojos.

7. Un vampiro puede ser destruido atravesando su corazón con una estaca de madera, preferiblemente de espino blanco, sumergiéndolo en una corriente de agua o incinerándole.

8. El cuerpo del vampiro debe ser decapitado

9. Su boca rellenada con ajos, agua bendita y reliquias.

10. El cuerpo despedazado y entonces quemado.

11. Las cenizas esparcidas a los cuatro vientos.

12. El Conde Drácula es destruido con un cuchillo kukri, no con una estaca de madera.

13. La luz del sol no es fatal para los vampiros, aunque prefieren actuar de noche.

Los rasgos genuinamente sobrenaturales del vampiro aparecen en la película alemana Nosferatus de 1922, dirigida por Friedrich Wilhelm Murnau. En ella se muestra al Conde Orlok, un terrorífico vampiro inhumano con rasgos de roedor. Siembra la muerte a su paso y lleva la peste a la ciudad de Bremen. Hay en esta historia una asociación semántica entre el vampiro y la Peste Negra. El vampiro tiene la forma de roedor, en una alusión directa a las ratas y su capacidad de propagar la peste.

Aunque más adelante hay un apartado dedicado a la figura de los muertos vivientes denominada Nosferatus, es importante señalar aquí una particularidad. La intención inicial de Murnau era llevar al cine la historia de Bram Stoker. Pero la viuda de Stoker ya había vendido los derechos a un director ruso. Ella interpuso una demanda y la ganó. Los tribunales ordenaron la destrucción de todas las copias existentes de la película Nosferatus. Sobrevivieron al menos 5 copias. Con ellas se reconstruyó una versión en 1994.

Factor Zombi en Drácula

Con el personaje literario Drácula, se aportan unos rasgos definidos para la cultura de los muertos vivientes. Como ya se dijo antes, a diferencia de Sísifo, Lázaro y Frankenstein, Drácula aparece como el primer representante definido de los muertos vivientes. Este vampiro fue capaz de tomar existencia propia para convertirse en un símbolo, en una metáfora del submundo de la muerte.

Con Drácula, el vampiro se convierte en una especie distinta de la humana, capaz de expandir la especie mediante la conversión de humanos en vampiros. No es un humano quien muere y revive como muerto viviente. Él ha existido desde siempre así, pero tiene la capacidad de volver a sus víctimas en muertos vivientes, sin necesidad de llevarlas a la muerte y volverlas a revivir.

En Drácula se pueden identificar los siguientes rasgos del Factor Zombi:

1. Aislamiento: es un rasgo fundamental del vampiro su aislamiento en el castillo, en el ataúd para dormir. Es como una especie de encerramiento psíquico para evitar el peligro de los humanos al asecho.

2. Automatismo: el vampiro es movido por una vitalidad distinta a la de los humanos. Requiere la sangre de los humanos para recuperar la funcionalidad de su organismo.

3. Inmortalidad: el vampiro es una especie creada para vivir siempre, en condiciones normales de existencia. La vida sólo es amenazada por los humanos, quienes pueden extinguir al vampiro con estacas, ajo, etc.

4. Indiferencia: el vampiro es indiferente a los valores religiosos de los humanos, a sus emociones, y su finitud existencial.

5. Angustia: sólo experimentada ante los cazadores de vampiros.

6. Lo absurdo: para el vampiro es difícil de aceptar la negativa de los humanos a vivir para siempre. Para convertirlos, debe seducirlos, en el caso de las mujeres, o forzarlos, en el caso de los hombres. La mayoría de las veces no merecen la conversión y les beben la sangre hasta matarlos.

7. Silencio: el vampiro tiene al silencio como su entorno natural de existencia. Está presente en el castillo, en el ataúd donde duerme.

8. Destino: el vampiro no cuestiona su destino de beber sangre humana para mantener el automatismo de su organismo. Tampoco cuestiona su destino de inmortalidad.

9. Libertad: alcanza su mayor expresión cuando se transforma en murciélago, el insecto u otro animal.

10. Enfermedad: su saliva contiene un virus capaz de convertir a un humano en vampiro. Al morder el cuello de sus víctimas, este se transfiere en la sangre hasta volver a la persona inmortal. La inmortalidad es una enfermedad del vampiro.

11. Fracaso: se experimenta cuando no se logra escapar de los cazadores humanos y se sucumbe en la destrucción.

12. Devorar: se presenta cuando el vampiro succiona la sangre de sus víctimas para poder mantener el automatismo de su existencia. Devora la energía vital de las personas.

Eupiros

La medicina ha intentado explicar y esclarecer los orígenes del mito del vampiro folclórico. Es quizá el campo científico en donde se han hecho mayores esfuerzos para desacreditar esta superstición. Sorprende como las instituciones emblemáticas de la sociedad se han debido pronunciar acerca de una creencia folclórica para desestimar su ocurrencia en la vida real. Primero fue la Ley Sálica. Ahora lo debe hacer la Iglesia de Roma, en cabeza del Papa.

En el siglo XVIII la ola de superstición desatada hizo surgir obras como "Los vampiros a la luz de la medicina" en 1749 de Próspero Lambertini. Llegó a ser Papa de la Iglesia con el nombre de Benedicto XIV desde donde siguió luchando contra las falsas creencias. También destaca el "Informe médico sobre los vampiros" en 1755 de Gerard van Swieten, médico y archidiácono de María Teresa de Austria. Tras criticar el vampirismo y considerar poco frecuente, aunque dentro de la normalidad, los casos de incorruptibilidad de los muertos, desacreditaba a médicos y comisarios. En muchas ocasiones y siguiendo sus indicaciones, se realizaban sacrilegios, poniendo en entredicho el buen nombre del finado, violando tumbas y ultrajando cadáveres.

Benedicto XIV

En el libro "Vida del Papa Benedicto XIV", el Marqués de Caracciolo nos habla de la intervención del Papa para desestimar la superstición acerca de los vampiros. La descripción hecha sobre el tema en la época, nos da bastantes elementos para entender la realidad del fenómeno. Caracciolo nos refiere así la situación:

Noticioso el Arzobispo Leopoldo (del Rito Griego) de los alborotos suscitados en Polonia a causa de los Vampiros, escribió con este motivo a Benedicto XIV. Después de salir a luz el libro de Calmet, se sabe, llamaban así a los muertos, animados, según decían, por el espíritu maligno. Salían de sus sepulcros, e iban a chuparse la sangre de los vivos, hasta cuando se les cortaba la cabeza, ó se les pasaba el corazón con una lanza.

En muchas ciudades de Polonia y Hungría, imbuidas de estas fábulas, exhumaban con frecuencia los cadáveres sospechosos de ser vampiros. Bastaba reconocer en ellos el rostro algo inflamado para mutilarlos y ultrajar su memoria.

Ya Polonia había consultado otras veces a la Sorborna y aún a la misma Roma ¿si podía tratarse de esta suerte a los muertos sin faltarles al respeto debido? Respondió la primera, esto era violar los sepulcros; pero la segunda calló, no queriendo comprometerse.

El buen Arzobispo, aunque se hallaba enterado de estos hechos, no quiso juzgar hasta saber la decisión del Santo Padre. Mas el Papa estaba sobradamente ilustrado para considerar el Vampirismo como obra solo de la ignorancia y de la superstición. No tardó en responderle en los siguientes términos:

"Tan grande es sin duda la libertad de Polonia que os concede derecho para pasearos aún después de muertos. Aquí, os aseguro que nuestros difuntos son tan tranquilos como silenciosos, y ninguna necesidad tendríamos de esbirros, ni de Barrigel, si a nadie tuviésemos que temer más que a ellos. La Emperatriz, Reina de Hungría, debía desengañaros sobre el artículo de Vampiros, a quienes comúnmente llamáis Eupiros."

"M. Vanswieten, que es su Médico, y tanto más digno de crédito cuanto es un hombre muy instruido, nos enseña que el estar encarnados ciertos cadáveres depende de una especie de tierra que los hincha y los colorea."

"En la misma Kiovia hay una muchedumbre de cuerpos que se conservan perfectamente, y que con la soltura de miembros se junta el tener iluminados los rostros. Con este motivo he dicho en mi obra sobre la Canonización de los Santos, que no es ningún prodigio la conservación de los cuerpos. El desarraigar semejantes supersticiones os toca principalmente a vos, como Arzobispo; y si recurrís al origen, encontraréis, que tal vez habrá algunos Sacerdotes que contribuyan a acreditarlas para empeñar al pueblo, naturalmente crédulo, a darles para misas y exorcismos. Por tanto os encargo expresamente que pongáis entredicho sin tardanza, a los que halléis inculcados en tal prevaricación; y os ruego que quedéis bien convencido de que en el asunto no hay otros que padezcan, sino los vivos."

Esta carta surtió todo el efecto esperado, usando de la mayor severidad contra los infractores, a imitación del Obispo de Cracovia. Depuso al Superior de una Comunidad, por haber dispuesto, se quemase en la Ciudad de Lublin el cuerpo de uno considerado Vampiro. He aquí como la influencia de Lambertini disipaba insensiblemente las preocupaciones.

En este pasaje de su libro, Caracciolo nos muestra el verdadero estado de la cultura de los muertos vivientes en su época. Algunos hechos fuera de lo común en la descomposición natural de los cuerpos, despertaban creencias y supersticiones profundas. El hecho del cuerpo hincharse, de estar encarnado cuando se esperaba un esqueleto, se convertían en los elementos para propagar las más fantásticas historias. El Papa es muy directo en su crítica frente a esta histeria popular cuando dice: "tal vez habrá algunos Sacerdotes que contribuyan a acreditarlas para empeñar al pueblo, naturalmente crédulo, a darles para misas y exorcismos." Y cierra su exhortación apuntando al prevaricato.

Pero el pasaje del Marqués Caracciolo contiene un elemento adicional interesante. Siempre es posible encontrar en la realidad, elementos de soporte para las más increíbles historias. La imaginación del pueblo necesita referentes inmediatos antes de echarse a volar.

Factor Zombi en los Eupiros

Los Eupiros, entonces, se convierten en figuras generales para designar a los muertos vivientes, independiente de su naturaleza. Aunque no existe un significado preciso de la palabra, antes del uso en relación con los muertos vivientes, es claro el uso dado por el Papa Benedicto XIV. Con esta palabra designa a todos los casos relacionados con los muertos vivientes, sean estos vampiros, zombis, Frankenstein, momias, o Lázaro.

En los Eupiros podemos identificar los siguientes rasgos del Factor Zombi:

1. Aislamiento, se da cuando los cadáveres presentan procesos de descomposición por fuera de lo común.

2. Automatismo, marcado como una capacidad del muerto para mantener su funcionamiento orgánico dentro de la tumba. Les crece el cabello, las uñas, se hinchan con la sangre bebida a sus víctimas.

3. Inmortalidad, están en un estado intermedio entre los muertos y los vivos. Se conservan, debido a las características del terreno en donde son enterrados.

4. Indiferencia, manifestada hacia ellos por parte de la Iglesia y las autoridades, cuando se pisotea el buen nombre del muerto para acusarlo de vampiro.

5. Angustia, padecida por la familia ante los atropellos de la gente hacia sus seres queridos, aún después de muertos.

6. Lo absurdo, negarse a la racionalidad de las causas naturales para la preservación de los cadáveres y admitir en su lugar explicaciones sobrenaturales.

7. Silencio, nadie se atreve a cuestionar el escarnio público de los muertos, por temor al clero. Hasta el Arzobispo Leopoldo no se atrevía a juzgar hasta conocer la decisión del Santo Papa.

8. Destino, marcado por la creencia de la gente. Para el folclore popular, los cadáveres no corrompidos por la muerte, pertenecían a personas predestinadas a ser vampiros o ya lo eran al momento de su muerte.

9. Libertad, si se había tenido en vida, se perdía en la muerte. La gente se creía con derecho a clavar estacas, a llenar con ajos los cuerpos de los vampiros para exterminarlos de verdad.

10. Enfermedad, representada en muchos casos de momificación y conservación de los cadáveres. La ausencia de descomposición no siempre se debía a las características del terreno donde había sido enterrado el muerto. También había agentes patógenos capaces de impedir la putrefacción.

11. Fracaso, representado en la incapacidad de la razón para desterrar las creencias y las supersticiones de las mentes populares.

12. Devorar, representado en la creencia de los cuerpos hinchados por beber sangre. De alguna manera el muerto bebía la sangre de seres humanos para mantenerse sonrosado en su tumba.

Nosferatus

Este monstruo, como ya se dijo en el apartado de Drácula, se generó fundamentalmente a partir del cine. Cuando Murnau quiso hacer la versión fílmica de Drácula, intentó comprar los derechos, pero la viuda de Stoker ya los había vendido a un productor ruso. Murnau no quiso renunciar a su proyecto y se ingenió una forma de continuar con su idea y esquivar las implicaciones de la falta de los derechos. Fue cuando decidió cambiarle el nombre a su monstruo y lo denominó Nosferatus. En la práctica, el único cambio fue de nombre. El contenido se mantuvo igual y por eso cuando la viuda de Stoker demandó esta película, el juez falló a su favor.

Aunque oficialmente Nosferatus pareciera otro nombre para el vampiro Drácula, en la cultura de los muertos vivientes ha adquirido una personalidad propia y unas características particulares. Como vampiro, ha sido capaz de tomar distancia de sus congéneres y aportar unos rasgos interesantes al momento de configurar el Factor Zombi. Nosferatus alcanzó autonomía propia dentro de la cultura de los muertos vivientes.

La película de Murnau le concedió difusión amplia a Nosferatus, pero su verdadera esencia no deriva de este film. Sus características significativas provienen del folclore popular, desde mucho antes de escribirse la novela Drácula.

Nosferatus en el folclore

El origen y significado de la palabra Nosferatus, tan mencionada en novelas y relatos de vampiros, es bastante complicado de rastrear, y virtualmente imposible de consignar como un misterio lingüístico terminado. El folclore rumano nos describe a los Nosferatus como una raza de vampiros particularmente desagradable. Sus formas no se diferencian demasiado de un cadáver en descomposición. De hecho, y siguiendo el camino de las tradiciones populares, un Nosferatus es una entidad del vampirismo. Comienza sus actividades necrófagas con sus propias extremidades, masticando y royendo sus brazos y piernas antes de aventurarse fuera de la tumba.

Bram Stoker utiliza la palabra Nosferatus a través de Abraham Van Helsing, para quien el conde Drácula es parte de esta estirpe aberrante. Es decir, Drácula deriva de Nosferatus y no al contrario, como se suele pensar, dada la mayor difusión de Drácula. No obstante, el término no es de autoría del cazador de vampiros, ni tampoco un descubrimiento personal. Emily Gerard utiliza el término por primera vez en occidente con su obra "La tierra más allá del bosque" (The land beyond the forest), para describir a los vampiros del folclore rumano. El título de la obra se considera una traducción literal de la palabra latina Transilvania.

Curiosamente, no existen menciones de la palabra Nosferatus en la lengua rumana, de hecho, su construcción es bastante improbable en dicha lengua. Casi todos los lingüistas de comienzos del siglo XX coinciden en ello, la palabra Nosferatus es una contracción del término griego Nosophoros. Significa Portador de enfermedad. En otras palabras: infectado. Una vez desentrañado este misterio la cuestión se derrumbó frente a una simple revisión de la literatura griega: no existe ningún texto donde se mencione la palabra Nosophoros, salvo la variante Nosephores en un libelo de Marcelo de Side, escrito en el siglo II d.C. La mayoría archivó esta posibilidad.

Con el tiempo, y debido a la imposibilidad lingüística de explicar la palabra Nosferatus como una contracción de Nosophoros, los filólogos comenzaron a cuestionar las capacidades auditivas de Gerard. La voz rumana correcta sería Necurat (Necuratul), significa Impuro, o bien Nesuferit (Nesuferitul), Imparable. Ambos nombres están asociados, al menos en Rumania, con la Nigromancia, lo cual los acerca convenientemente a la teoría del vampirismo.

Sea cual sea el origen de la palabra Nosferatus, la raíz de una palabra poco influye en las ramificaciones, adoptadas en el espíritu colectivo de los pueblos. Quienes creen en vampiros, lamias, empusas, o nosferatus, han evidenciado la presencia del mito como un terror palpable en sus tierras, y no necesitan de severos análisis filológicos para explicar ese temblor trasmitido en la latencia. Un símbolo mucho más duro y áspero se hace dueño del concepto: un horror ancestral, remoto, construido sobre tradiciones susurradas a la luz del fuego.

Nosferatus en Venecia

Es el título de una película italiana (título original: Nosferatu a Venezia) de 1988, dirigida por Augusto Caminito y protagonizada por Klaus Kinski, Christopher Plummer, Donald Pleasence y Barbara De Rossi. La película comenzó bajo la dirección de Mario Caiano. Debido a choques del director con Kinski, se cambió a la dirección de Augusto Caminito. La película no tuvo éxito en la taquilla italiana y recibió lanzamiento limitado en el extranjero.

La película trata el tema de Nosferatus de una manera totalmente distinta a lo acostumbrado en películas sobre vampiros. El profesor París Catalana va a Venecia para investigar la última aparición conocida de Nosferatus durante el Carnaval de 1786. El erudito inglés y estudioso de vampiros es requerido por la joven aristócrata Hielitta Cannes cuya mansión fue escenario, doscientos años atrás, de sucesos sobrenaturales. Su ancestro, la princesa Leticia, fue contaminada por Nosferatus tras lo cual desaparecieron. Según dice la leyenda, el vampiro está atrapado en una tumba en el sótano.

Hielitta quiere consultar con Catalana. En la cripta de la familia, de siglos de antigüedad en la finca Canins, se ha descubierto una tumba. Está bien asegurada con barras de hierro. De acuerdo con una leyenda de la familia, un vampiro fue enterrado vivo en esta tumba. Para Hielitta, este vampiro es el legendario Nosferatus. Pero Catalana, quien ha dedicado la mayor parte de su vida al estudio de Nosferatus, no cree en la teoría de la princesa. Para él, el vampiro dejó Venecia durante la plaga de la Peste Negra de hace 200 años. Sin embargo, aconseja fuertemente a Hielitta en contra de abrir la tumba.

Con ganas de demostrar su sospecha, Hielitta junto con Catalana y un amigo de la familia, el Dr. Barneval, y su esposa Uta, contrata a una médium para llevar a cabo una sesión de espiritismo. La médium tiene éxito en despertar a Nosferatus en su tumba lejos, muy lejos del sitio de invocación, entre un grupo de gitanos, quienes lo adoran. Una de las mujeres gitanas utiliza su bola de cristal para mostrar a Nosferatus el rostro de la mujer, quien lo ha despertado de su sueño. Él se sorprende al ver a Hielitta. Se parece a su viejo amor Letizia. Sin demora, Nosferatus viaja a Venecia, donde tiene la intención de invadir la finca Canins una vez más y hacer a Hielitta suya. Vive un drama interno, su deseo es morir definitivamente, pero sólo lo logrará si es amado por una mujer virgen. Hielitta tiene una joven hermana, María, quien será el vehículo del amor requerido por Nosferatus para extinguirse. Entretanto, Catalana se plantea el objetivo de regresar a Nosferatus a la caja, o en su defecto, aniquilarlo para siempre.

Si bien la sesión de espiritismo despierta a Nosferatus de su sueño inmortal, son los gitanos quienes le devuelven el automatismo. Ellos ponen a disposición de Nosferatus, mujeres jóvenes para chuparles la sangre y recuperar así su vitalidad. Después de ser resucitado por el grupo de gitanos, el peligroso y sanguinario vampiro Nosferatus viaja hasta Venecia, donde seduce a la princesa y se enfrenta al cazador de vampiros.

Factor Zombi en Nosferatus

En esta película, a diferencia de lo planteado en otras películas y obras literarias sobre vampiros, Nosferatus es un señor poderoso e indestructible de los muertos vivientes. Desea terminar con su vida inmortal mediante el amor de una mujer virgen, como dice la leyenda. Acabar con el vampiro no solo es el deseo del cazador de vampiros, París Catalana, sino también de Nosferatus. Pero ambos fallan en su intención. El destino reservado al vampiro, está por encima de sus enemigos y de su portador. El destino no puede ser cambiado ni por expertos en la destrucción de vampiros, ni por monstruos sobrenaturales. Ambos deben vivir con ello.

Nosferatus, además de darle un lugar de importancia al rasgo del Destino, tiene otra gran virtud en la expresión de la cultura de los muertos vivientes. Por primera vez hay una conexión directa entre los vampiros y Lázaro. La tumba de Nosferatus está en el Lazareto de Venecia, en una isla cercana a la ciudad. Allí están enterrados todos los muertos por la Peste Negra de hace 200 años, incluido Nosferatus, quien desapareció por entonces. Hay aquí una recuperación de la figura real de Nosferatus, tal y como es expresada en el folclore. Es un ser enfermo contaminado por la peste. Un ritual de espiritismo y la sangre joven de gitanas lo devuelven a la vida. Pero él está cansado de su existencia. Quiere extinguirse definitivamente. Quiere escapar a su destino de comerse sus extremidades para sobrevivir en la tumba. Conoce cuál es la intención del cazador de vampiros. Poseer a la doncella, le causará la muerte en el furor del coito. No quiere huir de esta trampa. Avanza hacia ella esperanzado. Pero la inmortalidad salió triunfante. Ahora el vampiro tiene una amada para hacer más llevadera su existencia.

Nosferatus en Venecia también hace otra conexión importante para la cultura de los muertos vivientes. El vampiro queda englobado dentro de la categoría de los Eupiros. Durante la cena, cuando a París Catalana se le pregunta por la procedencia de los vampiros, su respuesta no hace referencia a los vampiros, sino a los Eupiros. Él, como el Papa Benedicto XIV, designa con este término a todo lo relacionado con los muertos vivientes.

Podemos identificar los siguientes rasgos del Factor Zombi en la figura de Nosferatus:

1. Aislamiento, es un rasgo fuerte en este muerto viviente. Fue enterrado en un lazareto, lejos de la ciudad, para evitar el contagio.

2. Automatismo, es también un rasgo fuerte en esta expresión de los muertos vivientes. Recobra la vitalidad para ir a Venecia, gracias a la sangre de gitanas jóvenes.

3. Inmortalidad, otro rasgo fuerte en este monstruo. Su existencia continúa a pesar de su determinación de acabar con ella.

4. Indiferencia, este rasgo también es muy fuerte. Nosferatus es indiferente con todo. No le importa el poder del cazador de vampiros. No le importa el

fervor de sus adoradores gitanos. No le interesa su propia existencia.

5. Angustia, otro rasgo importante y propio de esta manifestación de los muertos vivientes. A Nosferatus le angustia su propia existencia.

6. Lo absurdo, en este personaje, está representado por el desenlace adverso. Como en ninguna otra manifestación de los muertos vivientes, tanto el cazador como el monstruo quieren lo mismo, pero el destino decide por ellos.

7. Silencio, otro rasgo fundamental en Nosferatus. Él duerme en su tumba y la voz de la médium lo despierta. Nosferatus no habla. Lo dice todo con sus gestos. La voz de Hielitta lo sobresalta. Se levanta de la tumba para averiguar quién osa contaminar su silencio con palabras.

8. Destino, quizá el más predominante de los rasgos en esta expresión de los muertos vivientes. Por primera vez, la inmortalidad se proyecta como un poder superior a la voluntad humana y de los monstruos. El vampiro fue creado para existir por siempre y nadie ni nada puede cambiar eso.

9. Libertad, otro rasgo fuerte en Nosferatus. Tiene el poder para hacer cuanto quiera, a pesar de los símbolos religiosos y de todos los procedimientos predicados por la leyenda para destruir vampiros.

10. Enfermedad, otro rasgo significativo en Nosferatus. Él desaparece con los infectados por la peste. Es enterrado como si fuera otro muerto por enfermedad contagiosa.

11. Fracaso, otro rasgo bien definido en este personaje. Fracasa en su intento de extinguirse para siempre a través del amor.

12. Devorar, también es propio de Nosferatus. Muerde y mata a todos sus perseguidores. No lo hace por la sangre, lo hace por instinto de supervivencia. Nosferatus es contradictorio en su actuación. Por un lado quiere extinguirse para siempre, y por el otro actúa con instinto frente a quienes quieren destruirle. Él quiere destruirse, pero no ser destruido.

Nosferatus en Venecia se convierte en el arquetipo perfecto de los muertos vivientes. En él se expresan todas las características de los muertos vivientes. Es un inmortal enterrado con los muertos de la peste. Doscientos años después es revivido mediante una sesión de espiritismo. Es decir, es un inmortal revivido y no un muerto revivido. El volver de entre los muertos y la inmortalidad son dos rasgos totalmente separados.

En este Nosferatus también es interesante la contradicción llevada hasta lo absurdo, propio de los personajes literarios de la modernidad, como veremos más adelante. Nosferatus desea el suicidio lógico como un acto de autodeterminación racional, pero su instinto de conservación lo obliga a defender su continuidad existencial.

Todos los rasgos del Factor Zombi están fuertemente marcados en este Nosferatus. Invita a realizar infinidad de análisis sobre la naturaleza humana plasmada en lo denominado por Jung como la "sombra", esa parte oscura del ser humano, temida y negada.

Zombi

El zombi como expresión de la cultura de los muertos vivientes, representa un rasgo adicional sorprendente. Lo absurdo en esta figura está resaltado por una contradicción inesperada. Los esclavos quieren tener esclavos. Esto es quizá lo más absurdo del ser humano. El zombi alcanza su mayor expresión entre los esclavos de Haití. Los esclavos quieren tener esclavos para hacer las tareas impuestas a ellos por sus amos. De esta contradicción nace la expresión de los muertos vivientes denominada zombi.

Los romanos tenían a los larvae. Éstos eran no-muertos quienes no habían pagado sus crímenes en vida, y se vengaban de su estado esquelético y fantasmal absorbiendo la vida de los vivos. Esta es quizá la primera referencia al zombi en la historia. El zombi como tal, no está muerto. Parece como muerto por actos de magia realizados por un Bokor. Para los demás es un muerto revivido, pero para el Bokor es un vivo sometido a comportarse como muerto. Cuando el zombi muere de verdad, como los larvae, también regresan de la tumba para tomar venganza de sus agresores.

El vudú

La palabra vudú viene del dialecto Yoruba. Significa "misterio". Esta religión proviene de África del Oeste de donde fue llevada a Haití por los esclavos. Ya en la isla se mezcla con el cristianismo francés y se crea el vudú. Esta creencia se encuentra basada en la adoración de "loas" o "espíritus", muchos de ellos resultado de una mezcla con los santos cristianos. A esta mezcla se la suele llamar santería.

Dentro de esta religión existen los Bokor quienes están en comunicación con los loas. Estos Bokor son quienes tienen el poder de convertir a una persona en zombi. Los esclavos hicieron un pacto con el Diablo, según dice la leyenda, para conseguir su independencia y de este modo Haití se convirtió en el primer país consagrado al Diablo. La creencia en la magia en ese país es muy fuerte. Existen párrafos en su legislación sobre penas para castigar a las personas en casos de volver zombi a alguien. Específicamente, el artículo 246 del Código Penal haitiano hace referencia al envenenamiento o al uso de enervantes para privar de la vida a una persona. Cuando una persona, después de ser envenenada, es enterrada viva, se considerará como asesinato, dice textualmente este artículo del Código Penal.

Los Bokor son la mano maléfica de la magia haitiana. Tiene el poder de crear zombis. El proceso sería el siguiente:

1. Por medio de la ingestión de un determinado polvo, mezclado en la bebida, el afectado pierde sus constantes vitales. La muerte parece perfecta. Su

estado de catalepsia es absoluto. Los servicios médicos son insuficientes y una muerte inexplicada no es asunto de médicos forenses.

2. Las altas temperaturas, obliga por norma general, a realizar el entierro del cadáver en las 24 horas siguientes a su fallecimiento. Esto aumenta las posibilidades de enterrar a alguien vivo.

3. Pasadas 48 horas, el efecto de las drogas ingeridas por el fallecido, dejan de tener efecto. La persona convertida en zombi recupera sus constantes vitales. En ese momento el brujo Bokor le desentierra.

4. Una vez desenterrado el zombi, es alimentado con una pasta de atropina y escopolamina. Estos disociadores alucinógenos impactan sobre los neurotransmisores y las endomorfinas del cerebro. De este modo los Bokor se aseguran de evitar la consciencia absoluta en la víctima.

Con este procedimiento se resucita el cuerpo pero no su alma. Los daños cerebrales son fuertes. El afectado no tendrá voluntad propia, se limitará a seguir las órdenes de su Bokor. Su función a partir de ese momento será la de servir como esclavo y su destino casi seguro será alguna plantación de caña de azúcar, lejos del lugar de residencia. Así no será reconocido por alguien y estará a merced del Bokor.

Según la creencia popular, a un zombi se lo reconoce porque:

1. La mirada es fija, como la de ciegos.

2. La cara es inexpresiva, carente de expresión.

3. Los párpados son blancos, como si los hubieran quemado con ácido.

El Misterio del Polvo Zombi

El antropólogo Roland Littlewood y el doctor Chavannes Douyon, de la Policlínica en Puerto Príncipe, han revisado varios casos de zombis. Para ellos, muchos de los denominados zombis son individuos con desórdenes psiquiátricos o con daño cerebral. La pregunta es: ¿alguien les provocó ese daño o es natural? Según la investigación, este tipo de daño pudo ser producido por epilepsia, falta de oxigenación en el cerebro o trastornos causados por alcohol durante la etapa fetal. En 1997, la revista The Lancet publicó una investigación de tres auténticos zombis haitianos. A diferencia de lo planteado antes por el antropólogo y el médico, este texto desató bastante controversia. Ellos estudiaron a tres individuos identificados como zombis. La explicación haitiana de cómo se crean los zombis implica la distinción entre los diferentes elementos del ser humano, incluyendo el cuerpo, el Gwo Bon Anj (el principio vital) y la Ti Bon Anj (la conciencia y la memoria). El objetivo de estas creencias es escindir la conciencia y la memoria de la persona, pudiendo ser capturadas y almacenadas por un Bokor.

Otro investigador, Wade Davis, logró conseguir muestras del polvo utilizado por los Bokor para realizar el proceso zombi. Este polvo fue posteriormente analizado y se encontraron varios tipos de neurotóxicos como tetradotoxina, datura metel, datura stramonium y ducuna pruriens. El primero de ellos, la tetradotoxina, es encontrada en el hígado de algunas especies de pez globo. Este químico es un potente bloqueador de la actividad nerviosa. Administrado en pequeñas dosis puede provocar un estado de catalepsia. El efecto solo es sobre los estímulos nerviosos, y la víctima está en todo momento consciente de cuanto sucede a su alrededor. Los otros dos componentes, datura metel y datura stramonium, son plantas de efecto alucinógeno. Provocan amnesia en el individuo. La Mucuna pruriens es una planta con componentes psicomiméticos. Puede tener actividad alucinógena. Este polvo causa daño no solo en el cerebro sino también psicológico.

Davis escribió un libro sobre el tema titulado "La serpiente y el arco iris". Luego fue llevada al cine por Wes Creaven. Durante un tiempo, Davis fue reconocido como el hombre quien había resuelto científicamente el misterio de los zombis. Pero sus afirmaciones fueron cuestionadas después por los científicos escépticos. Las muestras del polvo zombi no eran válidas y las cantidades de la neurotoxina no eran lo suficientemente altas para crear zombis. Muchos expertos en la magia haitiana señalaron, como además del polvo, se necesitaba de magia para crear zombis. Esto suena bastante paradójico a la luz de la ciencia.

Aparte de la teoría científica, también existe la creencia de la existencia del zombi astral. Esta fue la postura defendida por Littlewood y Douyon en su artículo de la revista The Lancet y sobre la cual hubo bastante controversia. De una postura inicial donde los zombis eran realmente personas con enfermedades mentales, se pasó a aceptar la existencia de los zombis. Está postura abandona el campo científico para adentrarse en el terreno meramente religioso. En el zombi astral, una parte del alma humana es capturada por un Bokor y es utilizada para mejorar su poder espiritual. La creencia se basa en controlar el alma de la persona obligada a realizar diversas tareas. El zombi astral por lo general se mantiene dentro de una botella o en el interior de un cráneo. Después de un tiempo el alma regresa a su dueño. El zombi astral es considerado como una entidad espiritual temporal. La sal también puede hacer volver al zombi a la tumba, le devuelve sus sentidos. A menudo, el zombi ataca al Bokor o vuelve a su lugar de enterramiento y muere.

Alma dual

Dentro de la religión vudú, está presente el concepto de alma dual y se encuentra íntimamente ligado con la figura del zombi. Existen por lo menos dos tipos de alma según esta tradición: el Gros Bon Ange (gran buen ángel) y el Ti Bon Ange (pequeño buen ángel). El primer tipo de alma, el Gros Bon Ange, es un concepto espiritual. A él se atribuye la memoria, los sentimientos y la personalidad de la persona. Esta alma está en relación directa con el cuerpo. Perder el Gros Bon Ange equivale a perder la vida.

El segundo tipo de alma, el Ti Bon Ange, es otro concepto espiritual. Está ligado al cerebro, a la sangre, a la cabeza y a la conciencia del hombre. Este tipo de alma representa a dos tipos de zombi:

1. Al zombi incorpóreo. Su ausencia en una persona indica el robo por parte del hechicero o

bokor. Se suele almacenar en un recipiente específico para ello. Es el alma sin cuerpo.

2. Al zombi corpóreo. Corresponde a la persona con su apariencia de muerta. Es el típico zombi reconocido por todos. Es el cuerpo sin alma.

Ambos tipos de zombi funcionan como servidumbre doméstica. Un zombi incorpóreo, dentro de la tradición oral haitiana, puede también usarse para asesinar a alguien, para enfermar a alguien o para destruir cosechas. Existen versiones en las cuales el hechicero aspira el alma de la víctima a través de una grieta en la puerta de su casa, para luego traspasarla a una botella o cántaro. La persona entonces cae enferma, muere y es enterrada. Posteriormente, el hechicero pide permiso al cuidador del cementerio para extraer al cuerpo y así poner debajo de su nariz la botella con el alma de la víctima, mientras le administra una droga especial. Está sería otra forma de realizar el proceso zombi, está vez más de carácter mágico, en vez de tóxico.

Literatura

Desde tiempos remotos, los zombis formaron parte de las leyendas folclóricas. En ellas se habla de cadáveres regresados a la vida, como las momias o los necrófagos. Regresaban para ajustar cuentas pendientes. En el escalafón de la monstruosidad, los zombis se consideraban los de menor relevancia. Pero las cosas cambiarían en 1697. Paul-Alexis Blessebois llevó a la literatura occidental a una figura siniestra. Había escuchado hablar de ella en diversos viajes realizados a América. Tras su vida en la isla Guadalupe y Perú, el escritor francés escribió "El

Zombi del Gran Perú" (Le Zombie du Grand Pérou), un relato paródico, pero con tintes sobrenaturales.

Un siglo después, en 1789, Moreau de Saint-Mery concibió un diccionario relativo a la isla de Santo Domingo. El término zombi se incluye como una palabra criolla para designar a un espíritu o fantasma, regresado de la tumba. A los individuos embrujados se les conocería como zombis.

Allan Poe aportaría dos relatos fundamentales para la narrativa zombi, "La caída de la casa Usher" de 1839 y "La verdad sobre el caso del señor Valdemar" de 1845. Luego vino el relato "La Muerte" de Halpin Frayser de 1893. En los años veinte del siglo XX, el norteamericano William Seabrook concretaría el concepto zombi, a través de su texto "La Isla Mágica" de 1929.

Factor Zombi del zombi

En esencia, el zombi como figura de la cultura de los muertos vivientes, es un producto de la cultura mágica y religiosa. La gran paradoja de esta creación folclórica, es la de ser un esclavo creado por un esclavo. El zombi, a diferencia de Nosferatus, no pertenece a una especie distinta del ser humano. Es un humano manipulado por humanos. Se lo dota de una apariencia de muerto para esclavizarlo. Se le suprime la razón y las emociones para controlarlo a voluntad. En la cultura de los muertos vivientes ha prosperado más el zombi del "cuerpo sin alma", debido a su rasgo corpóreo y de presencia física. Este hecho es quizá el mayor aporte del zombi a la cultura de los muertos vivientes. El zombi es un cuerpo sin alma, movido por el automatismo de sustancias venenosas para el cerebro, para la conciencia.

El zombi también aporta un elemento adicional a la cultura de los muertos vivientes. Se trata de su funcionalidad. En este caso el muerto viviente tiene una utilidad social. Puede realizar labores domésticas. Es creado con esa finalidad. En el caso de Lázaro, continúa siendo útil para la sociedad pero no fue revivido con ese fin. En el caso de Frankenstein, fue creado para demostrar una teoría científica. Su posterior utilidad social como agricultor, como atracción de circo, fue una funcionalidad no prevista en su creación.

Pero el verdadero muerto viviente comienza cuando el zombi muere realmente. Él regresa de la muerte para vengarse de quienes le hicieron daño en vida. Aquí ha perdido su funcionalidad social y se vuelve otro monstruo más de la cultura de los muertos vivientes. Aquí el automatismo es evidente. Ya no es un efecto de sustancias supresoras de la consciencia. El zombi en esta fase es realmente un cuerpo sin alma.

Los rasgos del Factor Zombi en el zombi corpóreo, son los siguientes:

1. Aislamiento, se logra mediante sustancias venenosas para simular su muerte. Luego, al extraerlo de la tumba, se lo lleva a trabajar a lugares donde nadie pueda reconocerlo.

2. Automatismo, se logra mediante sustancias alucinógenas para preservar la funcionalidad orgánica y anular las funciones críticas.

3. Inmortalidad, es un rasgo no muy claro en el zombi. Si son humanos envenenados en sus funciones mentales, deberían morir como los humanos. Pero este rasgo lo alcanzan después de morir realmente y regresar como muerto viviente.

4. Indiferencia, es un rasgo clave en el zombi. Al anularse las funciones mentales, no tiene capacidad de reacción ante el mundo. Es un cuerpo sin alma y nada puede afectarlo.

5. Angustia, se presenta en el enterramiento. El zombi es consciente de su entierro, pero no puede hacer nada para evitarlo, debido a la catalepsia producida por el envenenamiento.

6. Lo absurdo, es quizá el rasgo más marcado del zombi. Es un esclavo creado por otro esclavo.

7. Silencio, quizá otro de los rasgos más marcados del zombi. El zombi no habla. Por eso no puede denunciar su envenenamiento y sometimiento.

8. Destino, parece estar marcado por el destino de su creador. Éste le transfiere su destino de esclavitud al momento de su creación.

9. Libertad, es suprimida totalmente mediante sustancias supresoras de la voluntad.

10. Enfermedad, las sustancias suministradas crean cuadros clínicos similares a los de la esquizofrenia.

11. Fracaso, cuando el zombi logra escapar de la esclavitud, fracasa al tratar de hacer creíble su historia y es considerado como un enfermo mental.

12. Devorar, ocurre después de su muerte real. El zombi regresa de la muerte para tomar venganza de

quien les hizo daño. Matan a los humanos para comerse sus cerebros, quizá así recuperen la conciencia y las emociones perdidas.

Casos clínicos

Antes de cerrar esta segunda parte del libro, es importante revisar las explicaciones clínicas ofrecidas por la ciencia para la existencia de los muertos vivientes. Desde esta perspectiva, los monstruos tienen origen en enfermedades perfectamente esclarecidas por la ciencia. Las supersticiones folclóricas se producen por un desconocimiento de estas explicaciones.

Como ya se dijo en el apartado sobre Drácula, el neurólogo español, Juan Gómez Alonso en su libro "Los vampiros a la luz de la medicina", ofrece elementos médicos para entender el fenómeno del vampiro creado por el folclore, y de los muertos vivientes en sí. A continuación se presentan los principales casos clínicos en los cuales pueden estar inspirados varios de los monstruos de la cultura de los muertos vivientes.

La peste

La peste, enfermedad infecciosa producida por la Yersinia pestis y transmitida por las pulgas de las ratas y otros roedores, es la más factible para explicar en forma simple, pero verosímil, las epidemias de vampiros en la edad media. Precisamente este fenómeno también es descrito como trasfondo de la historia principal de un vampiro en obras cinematográficas como el Nosferatus de Murnau o de Herzog.

Durante el siglo XIV, especialmente en Prusia oriental, Silesia y Bohemia, para evitar el contagio, las víctimas de la enfermedad eran enterradas prematuramente sin constatar la muerte clínica. Muchas de estas víctimas de enterramiento vivo sufrieron por ello una larga y atroz agonía, infligiéndose heridas en su intento de escapar de sus tumbas. No es de extrañar, por tanto, la presencia de elementos fuera de lo común en la exhumación. Se encontraba al cadáver conservado y con manchas de sangre. A falta de una mejor explicación, se estimulaba la imaginación supersticiosa de la gente atribuyéndoles una condición de vampiros.

El carbunco o ántrax

Esta enfermedad muy contagiosa, capaz de crear gravísimas epidemias, es producida por el Bacillus anthracis. Se puede transmitir de los animales al hombre. Puede semejar la sintomatología de una victima de un vampiro. Los afectados presentan fiebre alta, sed intensa, convulsiones, dificultad respiratoria y alucinaciones, atribuidas a la falta de oxígeno. La sensación de asfixia podía ser expresada por parte de la víctima como el estrangulamiento a manos de un vampiro. Esta situación también podía estimular la imaginación popular para explicar de forma sobrenatural tal hecho.

La anemia

Esta enfermedad clásica, frecuentemente asociada a las anteriores, consiste en un déficit en la cantidad o calidad de los glóbulos rojos de la sangre, encargados de transportar el oxígeno a todo el cuerpo. También puede explicar la creencia en la afectación de los vecinos y familiares allegados al presunto vampiro. Las supuestas víctimas presentaban una severa palidez acompañada de intensa fatiga, cansancio y respiración entrecortada. Estos síntomas y signos clínicos se pueden explicar con este trastorno. No siempre se debe a la pérdida de sangre. Hace parte también del cuadro de una desnutrición, ya sea por falta de adecuada alimentación, por las propias enfermedades, o las carestías debidas a las guerras, cuando no por ayunos con motivaciones religiosas, con el objetivo de purgar los pecados y verse libre del peligro de la peste. En este caso como en el del ántrax, la existencia de vampiros es sustentada desde sus efectos, no desde su presencia física como tal. Son las marcas de sus posibles ataques, la prueba de su existencia.

La rabia

La rabia, infección viral del Sistema Nervioso, es una enfermedad transmisible. Desde la ciencia explicaría adecuadamente el mito del vampiro, especialmente cuando su auge en Europa coincide con epidemias de esta afección durante los siglos XVI y XVII, en particular la ocurrida en Hungría entre 1721 y 1728.

La rabia presenta las siguientes características:

1. Se transmite a los humanos generalmente por mordedura de animales como perros, lobos y murciélagos, portadores habituales de la enfermedad. En el folclore, estos animales han sido relacionados con los vampiros. Un médico anónimo consideraba en 1733 al vampirismo como una enfermedad contagiosa de una naturaleza parecida a la sobrevenida tras la mordedura de un perro rabioso.

2. Durante el periodo de incubación y fase preclínica, habitualmente entre 1 año y 3 meses, puede manifestarse con sensaciones anormales como parestesias, dolor en la zona de mordedura y sintomatología inespecífica inicial (fiebre, pérdida de apetito, fatiga, depresión, temor, ansiedad y sueños angustiosos). Se semeja a una progresiva transformación de la persona en un vampiro.

3. La fase clínica se corresponde con una encefalitis. El virus afecta al sistema límbico, importante en el control de las emociones y la conducta. Se caracteriza por un cuadro de "rabia furiosa" consistente en síntomas, similares a los asignados al vampiro folclórico, como son inquietud y agitación crecientes. Pueden llegar hasta la agresividad, insomnio persistente y alteración del ritmo del sueño, y modificaciones de la conducta sexual expresadas como hiper-sexualidad. Debido a frecuentes espasmos musculares en cara, faringe y laringe, el paciente emite sonidos roncos y ahogados con una retracción de los labios hasta mostrar los dientes como si fuera un animal. Una exaltación de los reflejos, puede causar accesos de furor maníaco frente a pequeños estímulos, como leves contactos, corrientes de aire, luz y ruidos, ciertos olores o

excitaciones mínimas como ver su imagen reflejada en un espejo. Las pesadillas y las alucinaciones también suelen estar presentes en este tipo de cuadro florido de la rabia. Generalmente es mortal.

4. El espasmo muscular y los reflejos anormales en faringe producen característicamente un rechazo del paciente al agua. A esto se denomina hidrofobia, nombre por el cual se conoce también a esta enfermedad, causado por los intensos dolores al intentar tragar agua o simplemente con su visión. Los problemas para tragar su propia saliva, causan la acumulación y entonces gotea por la boca formando espumarajos.

La Porfiria

En particular, se considera el tipo de porfiria eritropoyética congénita o enfermedad de Günther. Es producida por una anomalía genética y hereditaria. Se ha ganado el título de "enfermedad de los vampiros". Pero, aunque curiosa y merecedora de estudio, no sirve para explicar las formas epidémicas del vampiro. Es muy poco frecuente o escasamente diagnosticada. Pero cuando se presenta, es lo más parecido a lo descrito por folclore como un vampiro.

La enfermedad se caracteriza bioquímicamente por una alteración genética de la actividad de la enzima encargada de metabolizar las porfirinas, pigmentos precursores del grupo Hemo, componente de la hemoglobina. Se encarga del transporte de oxígeno en la sangre y le da su característico color rojo. El resultado es una acumulación excesiva en los tejidos de estas sustancias. Clínicamente se manifiesta en una serie de síntomas, signos y complicaciones. Coinciden con ciertas características atribuidas a vampiros del folclor, como son:

1. Sensibilidad a la luz: El depósito de porfirinas en la piel produce una hipersensibilidad a ciertas radiaciones del espectro solar (las de 400 nm de longitud de onda y en menor grado las de 500 a 600 nm). Esto desencadena un proceso de producción de peróxidos. Al liberar oxígeno atómico en los tejidos, provoca destrucción celular, manifestándose por un fuerte enrojecimiento, agrietamiento y sangrado de la piel, y formación de ampollas. Se infectan fácilmente y forman erosiones y úlceras. Esta parece ser la descripción física de Nosferatus. Las ampollas, al cicatrizar, dejan marcas y deformaciones en la zona afectada. Además, el organismo, en un intento de proteger la piel del sol, desarrolla hirsutismo o crecimiento anormal del vello en la frente, pómulos y extremidades y en zonas inusuales como las palmas de las manos. Por ejemplo, Bram Stoker incluye esta característica en su novela al describir por primera vez al conde Drácula.

2. Deformidades faciales: Producidas cuando las lesiones faciales son extensas, recidivantes y mutilantes, destruyendo los labios. Dejan la dentadura al descubierto, dando la apariencia a los dientes de ser de mayor tamaño del normal. Los cartílagos de la nariz muestran frontalmente los agujeros nasales. También deforman los cartílagos auriculares, dando ocasionalmente un aspecto puntiagudo a las orejas. Igualmente, con la acumulación de porfirinas, los ojos pueden aparecer de color rojizo y en los dientes aparece la llamada eritrodoncia por el depósito porfirínico en la dentina. No es difícil hacerse la

imagen mental de un vampiro después de observar el cuadro clínico de las deformidades faciales, causadas por porfiria.

3. Palidez extrema y ansiedad por la sangre. Los defectos en la producción de hemoglobina producen anemia con toda su sintomatología característica. Destaca la palidez general, tal y como se describe la imagen clásica del vampiro. Un tratamiento habitual de la anemia son las transfusiones de sangre o del grupo Hemo. No sólo mejoran la anemia, también frenan la producción de porfirinas. Por esa razón los pacientes tienen ansiedad por la sangre. Antiguamente la terapéutica médica para las anemias incluía beber sangre de otros animales, pero los jugos digestivos la destruyen la hemoglobina. Para tener cierto beneficio y absorber una mínima parte del grupo Hemo, el paciente debería ingerir más cantidad de la necesitada por vía intravenosa.

4. Intolerancia al Ajo: Esta hortaliza, parte de los elementos clásicos para ahuyentar vampiros, se usa desde tiempos antiguos al atribuírsele propiedades antisépticas, antiparasitarias, expectorantes o hipotensivas. Al parecer, según estudios recientes, produciría un bloqueo de la coagulación de la sangre al inhibir la agregación plaquetaria y uno de sus elementos, el disulfuro de alilo, por otra parte, podría destruir el grupo Hemo, todo lo cual podría aumentar el malestar del paciente con porfiria.

5. Disociación emocional o mental del paciente. Este tipo de porfiria no trastorna, curiosamente, la sensación de bienestar del enfermo. Pero, por el tipo de vida llevado bajo su influencia, es frecuente la alteración de las facultades mentales. Ello podría

explicar las obsesiones y crueldades, atribuidas a los vampiros.

6. Prevalencia entre grupos familiares. Aunque la porfiria no explica bien las epidemias de vampiros, se ha intentado asociarla al mito por su prevalencia entre grupos poblacionales cerrados o familias, dado su mecanismo de transmisión genética. El derecho de pernada en la sociedad feudal era frecuente. Esto supone la transmisión del material genético del noble señor feudal afectado de porfiria a las familias de sus siervos o del pueblo llano, produciéndose varios casos en un mismo periodo y con relativa frecuencia. Se explica así la prevalencia en el entorno familiar del supuesto vampiro original. Por otra parte, entre las diversas variedades de la porfiria (especialmente en la aguda intermitente, variegata y coproporfiria) puede desencadenarse crisis por la ingesta de alcohol o por el estrés intenso. Esto se presentaría con relativa facilidad en el ámbito supersticioso de la población crédula sobre vampiros.

Catalepsia

Catalepsia es un trastorno repentino en el sistema nervioso caracterizado por la pérdida momentánea de la movilidad, voluntaria e involuntaria, y de la sensibilidad del cuerpo. Durante este estado el cuerpo permanece paralizado. Se pone en evidencia con la movilización pasiva de los segmentos de los miembros. No es una enfermedad en sí misma, pero sí el resultado de trastornos, síndromes o formas de psicosis. La catalepsia se observa en pacientes con cuadros graves y agudos de histeria, esquizofrenia, diversas psicosis, efectos de la cocaína, entre otros.

En algunas ocasiones, los casos aislados de episodios catalépticos también pueden ser desencadenados por un choque emocional extremo. Se ha sugerido a la proteína kinasa "A" como un mediador del comportamiento cataléptico.

La catalepsia se percibe como un estado biológico en donde la persona yace inmóvil, en aparente muerte y sin signos vitales, cuando en realidad se encuentra viva en un estado consciente o inconsciente. En ciertos casos el individuo se encuentra en un vago estado de conciencia, mientras en otros puede ver y oír a la perfección todo a su alrededor. Los síntomas pueden ser rigidez corporal. El sujeto no responde a estímulos. La respiración y el pulso se vuelven muy lentos, la piel se pone pálida. En gran número de casos, este estado lleva a creer en la muerte de la persona. En un número de casos no determinado, este fenómeno llevó a enterrar a personas aún con vida, por no mostrar signos vitales. Normalmente puede llegar a durar tres días, en los cuales la persona en estado de muerte aparente podría ser enterrada y despertar ya dentro del ataúd. Esta podría ser la situación en el caso de Lázaro. Por eso Jesús esperó hasta el cuarto día, hasta cuando Lázaro despertara de su sueño de catalepsia. En casos menos frecuentes pueden ser incluso años de catalepsia.

En 1870 hubo un miedo generalizado a ser enterrado vivo. Se crearon los ataúdes de seguridad con banderas o campanas. En la actualidad, con un electroencefalograma se puede diagnosticar la muerte de alguien con facilidad.

Síndrome del encerramiento

El síndrome de enclaustramiento (locked-in syndrome) se debe a una lesión en el tallo cerebral a nivel de la protuberancia anular. En esta condición el paciente está alerta y despierto pero no puede moverse o comunicarse verbalmente debido a una completa parálisis de casi todos los músculos voluntarios en el cuerpo, excepto los ojos. El síndrome de enclaustramiento total es una versión donde además hay oftalmoplejía, parálisis ocular. Esta condición clínica también llevó, como en el caso de la catalepsia, a enterrar vivas a algunas personas. El síndrome de enclaustramiento se conoce también con el nombre de síndrome de encerramiento, pseudocoma, desconexión cerebro-bulbo-espinal, síndrome de cautiverio, y síndrome protuberancial central.

El síndrome de enclaustramiento suele resultar en cuadriplejía y la incapacidad de hablar. Las personas pueden ser capaces de comunicarse con las demás a través de mensajes codificados por el parpadeo. Los síntomas remedan a los de la parálisis fisiológica durante el sueño. Los pacientes con el síndrome están conscientes y alertas, y sin ninguna pérdida de la función cognitiva. Pueden retener la propiocepción y la sensibilidad en toda la extensión de sus cuerpos. Les falta coordinación entre el respirar y la voz. Esto les impide la emisión de sonidos voluntarios, aunque las cuerdas vocales no estén paralizadas.

Este síndrome es diferente del estado vegetativo persistente. En éste, las porciones superiores del encéfalo están dañadas y las porciones inferiores están ilesas. En el síndrome de encerramiento, en cambio, hay daño a porciones específicas del encéfalo inferior y tallo cerebral, con ningún daño al encéfalo superior.

Entre las causas del síndrome de encerramiento se incluyen:

1. Lesión encefálica traumática.

2. Enfermedades del sistema circulatorio.

3. Sobredosis medicamentosa.

4. Daño a las neuronas, particularmente destrucción de la vaina mielítica, causada por enfermedad.

5. Accidente cerebro-vascular isquémico o hemorrágico, usualmente de la arteria basilar.

Tercera Parte: FACTOR ZOMBI

La presencia del Factor Zombi en las personas se identifica por una baja funcionalidad del movimiento corporal. La persona entra en un cierto estado de automatismo en donde se arrastran los pies al caminar y todo el cuerpo es rígido. Hay una pérdida del movimiento natural de las articulaciones. Se pierde la cadencia al caminar. Parecen personas arrastrándose, no caminando. Esta disposición corporal es más frecuente en adolescentes y menos frecuente en niños.

El automatismo es, entonces, el primer signo observable en las personas con el Factor Zombi. El segundo signo lo constituye la apatía para la realización de las tareas cotidianas. Las personas parecen despojadas de todas las emociones y sentimientos. La indiferencia hacia los demás y hacia el mundo es notable. Nada parece interesarles. Parecen carentes de la capacidad de asombro. Cuando se les pregunta a qué se debe su comportamiento, suelen guardar silencio y si responden, usan siempre la misma fórmula lingüística: "Lo normal". No se sabe a qué hacen referencia con esa fórmula. Parece una fórmula equivalente a la expresada por los personajes literarios de la modernidad: "Está bien", como veremos más adelante.

En términos generales, el Factor Zombi es posible identificarlo a partir de dos signos fundamentales: uno físico y otro psicológico. El primero alcanza su expresión en el automatismo. Y el segundo se expresa en un encerramiento psíquico. Como ya se dijo, el encerramiento psíquico y el automatismo se observa con mayor frecuencia entre adolescentes. Por ello mismo, es de suponer un origen hormonal para el Factor Zombi. Sería una etapa existencial de desorden orgánico y conductual, impuesto por el apogeo de las hormonas para cambiar el organismo de niño a hombre.

Pero en el Factor Zombi también podría participar una condición particular del sistema límbico. La rigidez de las articulaciones y la apatía podrían generarse en una alteración del sistema límbico. Quizá cierta efervescencia hormonal lleve a esta zona cerebral a inhibir la expresión emocional y la capacidad de movimiento. Pero independiente de la causa, importa la manifestación de estos signos como indicadores de la presencia del Factor Zombi en la persona.

Retomando el tema del zombi, generalmente se comparan características del zombi con las del esclavo. Estas características son:

1. Los hábitos de comida

2. La ropa rasgada.

3. La transición hacia la esclavitud marcada por el bautismo o la asignación de un nuevo nombre.

4. La pérdida de toda relación con el ser antes de ser esclavizado

5. La muerte social

6. Ausencia de un rito funerario luego de la muerte.

7. Su estatus sociológico de objeto.

En el Factor Zombi se pueden observar todas estas características. Las personas no tienen buenos hábitos de alimentación. Son descuidadas en el vestir. Parecen esclavas de su condición psíquica. Pierden toda relación con la persona como era antes de desarrollar el Factor Zombi. Caen en una especie de muerte social por su apatía para relacionarse con otros. El encerramiento psíquico los aísla del mundo y por eso actúan como si estuvieran muertos. No son muertos vivientes, sino vivientes muertos.

El concepto zombi se refiere a una criatura idéntica molecularmente al ser humano pero, a diferencia de él, carece de conciencia fenomenológica. El argumento del zombi postula: los zombis serían humanos normales en términos físicos. Es decir, los zombis tendrían las propiedades físicas atribuidas al ser humano, sin embargo, no se les podría atribuir estados mentales, por ejemplo, dolores o sensaciones. Funcional y mecánicamente los zombis son idénticos a los seres humanos, pero carecen de conciencia fenomenológica. Los zombis carecen de cualidades mentales. El zombi no tiene conciencia del dolor. Los miembros permanecen en la misma posición cuando se mueven (flexibilidad cérea).

El Factor Zombi no se refiere solo a los zombis, sino a todos los muertos vivientes en general. De todos ellos se toman elementos para evidenciar la existencia de una dinámica individual y social del cambio como un continuo y no marcada por edades o periodos de tiempo. No hay cortes o límites de una fase a otra. Al estudiar la cultura de los muertos vivientes, se identifican aquellos rasgos mediante los cuales se puede identificar la presencia del Factor Zombi en una persona o en un periodo histórico de la humanidad.

La exploración comenzó con el mito de Sísifo. El mito puede crear la realidad. La construcción de un monstruo, concebida y realizada por él arte o la ciencia, es un quehacer legítimo de los humanos cuando el monstruo responde a una necesidad previa y a una meditación consiguiente a dicha necesidad. No se tolera nunca un monstruo nacido de la casualidad, por una incompetencia del artífice o del científico.

Desde los tiempos más antiguos, la metafísica debió acudir a la invención de criaturas monstruosas para simbolizar las causas primeras o segundas y sobre todo sus mutuas incidencias en el orbe creado. Esto requiere una combinación de formas distintas en un solo animal. De ahí las variaciones encontradas en la zoología de lo imaginario.

Sin embargo, hay otros monstruos de creación humana. No responden a una necesidad metafísica. Esta otra categoría los inventó, inventa e inventará el hombre para manifestar una extensión posible de su propia naturaleza, tanto en el bien como en el mal, o una puesta en acto de sus virtualidades luminosas u obscuras. En esta categoría se ubican mejor los monstruos de la cultura de los muertos vivientes. Ella ha rastreado en la historia de ayer y en la de hoy las huellas plántales de esas criaturas engendradas por el hombre como paradigmas de sus ensueños o delirios. Muchas de estas creaciones se han convertido en arquetipos y otros en símbolos. Un símbolo supera siempre a quien lo emplea. Le hace decir en realidad más de cuanto se quería expresar. Así los monstruos de la cultura de los muertos vivientes hayan nacido de la superstición, han alcanzado existencia propia, gracias a la fuerza del arquetipo y del símbolo. Algunos humanos terminan encajando en el arquetipo y esa realidad se sobrepone a todo intento de desacreditar la inexistencia del monstruo en el cual se fundamentó el arquetipo.

Al comienzo se enunciaron una serie de rasgos propios del Factor Zombi:

1. Aislamiento
2. Automatismo
3. Inmortalidad
4. Indiferencia
5. Angustia
6. Lo absurdo
7. Silencio
8. Destino
9. Libertad
10. Enfermedad
11. Fracaso

12. Devorar

Llegó el momento de analizar cada rasgo en detalle. A continuación se aborda cada rasgo por separado.

Aislamiento

La persona con el Factor Zombi se muestra retraída. No muestra entusiasmo para relacionarse con los demás. Son personas solitarias. En medio de las reuniones buscarán rincones en donde puedan aislarse de los demás. Prefieren encerrarse en sus casas o cuartos. Se levanta una muralla alrededor de ellos para evitar el contacto con otras personas.

En el caso de la sociedad, el aislamiento también se caracteriza por buscar espacios rurales lejos de la ciudad. Se tiende a crear pequeños caseríos, rodeados de cercas o murallas. En la vida actual son muy comunes las unidades cerradas, los condominios y demás expresiones de aislamiento residencial. Quizá esta sea la manifestación de un Factor Zombi de cambio social.

El aislamiento descrito hasta el momento se puede apreciar mediante la simple observación. No hay necesidad de elaborados estudios para reconocer este rasgo en las personas o las sociedades con presencia del Factor Zombi.

Pero al comienzo se hablaba del caso del niño XZ. Aquí ya hay un elemento más profundo como indicativo del rasgo del aislamiento. Vimos como este niño estaba pasando por un estado mental de encerramiento psíquico. Su existencia está atrapada en espacios cerrados y oscuros. Si fuera un habitante de Haití, con seguridad se lo identificaría con un zombi, creado con las sustancias del proceso zombi.

Debido al encerramiento psíquico, este niño parece despojado de toda capacidad de razonar, de sentir emociones. Es igual al zombi. A éste, mediante sustancias alucinógenas se le suprime su capacidad de conciencia. Un estado casi similar se aprecia en el pequeño XZ. Su mente esta encerrada en lugares oscuros y eso le impide sentir alguna emoción hacia su madre o los demás. No tiene una explicación para su acción de interponerse a un camión y ser atropellado. Simplemente camina hacia él como si eso fuera normal. "Lo normal", es la típica respuesta de las personas con el Factor Zombi.

Si se observa el encerramiento psíquico de los adolescentes, se puede llegar a generalizar el encerramiento psíquico como una característica de las personas con el Factor Zombi. Al hacer sesiones de Modelado Semiótico de la Mente con adolescentes, se nota cómo quienes presentan otros rasgos del Factor Zombi, tienden a caer en huecos, agujeros en la tierra. Al regresar del viaje imaginario, han descrito la experiencia como de impotencia, al tratar de salir de aquellos hoyos negros y no lograrlo. Quizá ellos caen en fosas para el enterramiento de cadáveres. Ellos en sí son muertos vivos encerrados en sus tumbas mentales. Cuando el adolescente no presenta otros rasgos del Factor Zombi, hace su viaje imaginario sin problemas.

Desde luego, el lector se estará preguntando, ¿Qué causa el encerramiento psíquico? Mi respuesta es: no sé. Sólo puedo describir cuanto sucede en esos casos, pero no sé por qué suceden. No sé si son estados permanentes en las personas o son estados temporales. Me inclino a pensar en estados pasajeros. Como ya se ha dicho, el Factor Zombi es quizá el factor determinante del cambio, pero es concurrente con otros factores para operar el cambio, bien sea a nivel de la persona o de la sociedad. Es decir, el Factor Zombi es determinante para el cambio pero no es suficiente para operarlo. Se requieren otros factores adicionales. Por eso me inclino a pensar en el carácter pasajero del encerramiento psíquico. Sería de esperar, sólo durara hasta cuando se produjera el cambio de la persona.

Pero también es posible una opción adicional. En algunas personas continúa el Factor Zombi, más allá de la adolescencia. Los casos de YZ y de WZ dan elementos para pensar en esta posibilidad. Inclusive, puede ser posible la permanencia del encerramiento psíquico, aún después de haberse superado los demás rasgos del Factor Zombi. Como se dijo al presentar los casos, estas son algunas manifestaciones presentadas durante sesiones de Modelado Semiótico de la Mente. Nunca en mi práctica de estas sesiones, el objetivo fue explorar el Factor Zombi. Simplemente, éste aparecía cuando se estaba buscando solucionar algo muy distinto. Se debe anotar, además, el hallazgo de otras clases de encerramiento psíquico en sesiones de Modelado Semiótico de la Mente, pero los casos referidos, son suficientes para ilustrar estos estados de mente en el Factor Zombi.

Es importante señalar también cómo el aislamiento es fácil de reconocer a simple vista, sin necesidad de sesiones de Modelado Semiótico de la Mente. Estas personas con el Factor Zombi están invadidas por la apatía hacia todos y hacia todo. Nada les despierta curiosidad. Les provoca hacer nada. Siempre parecen cansados cuando se los convoca a hacer alguna actividad de esfuerzo físico o mental. No tienen fuerza para hacer ni mente para pensar.

Automatismo

El aislamiento y el automatismo son los dos principales rasgos para reconocer el Factor Zombi en las personas. Incluso, el automatismo sería el rasgo determinante y suficiente para identificar la presencia del Factor Zombi en una persona. En la sociedad si sería más complejo. Aquí se requiere la presencia de varios rasgos para identificar el Factor Zombi.

El automatismo es un rasgo reconocible por la rigidez del cuerpo al moverse. Las personas tienden a caminar arrastrando los pies contra el piso. Hay disminución del movimiento de las coyunturas. Por eso las personas caminan como tiesas, como si hubieran sido atravesadas con una gruesa varilla metálica desde la cabeza a los pies. Hay una flexibilidad cérea. Los miembros permanecen en la misma posición cuando se mueven. Precisamente por este rasgo, se compara a estas personas con los zombis. Es un movimiento inconsciente en ellas. En ningún caso su intención es parecerse a un zombi. Incluso si se les hace notar el parecido, se enojan.

Estas personas parecen autómatas, movidos por fuerzas distintas a las de la vida. La forma rígida de moverse, los hace ver como su fueran movidos por una fuerza sobrenatural. Parecen personas cansadas de vivir. No son muertos vivientes, pero sí son personas quienes viven como si estuvieran muertas. De modo racional hacen poca diferencia entre estar vivas o muertas. Por eso, para ellas es fácil enfrentarse a la experiencia del suicidio. Por lo general, lo intentan varias veces y no lo logran por su misma incapacidad racional para hacer las cosas. Son personas descuidadas hasta para suicidarse. Siempre se matan a medias y por eso los servicios de emergencias logran salvarles. Y a veces el efecto se les pasa sin necesidad de asistir a centros médicos.

La incapacidad emocional de las personas con Factor Zombi, las hace ver todavía mucho más rígidas. Sus facciones siempre son congeladas, inexpresivas. Eso disminuye las características de vitalidad en la persona y las hace ver como si fueran cadáveres, movidos por algún hechizo. Se parecen a momias forradas con vendajes invisibles. Se mueven con dificultad y dejan la sensación en quienes les ven, de tropezar en algún momento y rodar por el suelo. Arrastran el calzado contra el piso en la mayoría de los casos y producen un sonido desagradable para quienes circulan a su alrededor.

Las personas con el Factor Zombi, tienen una reducida expresión de emociones y sentimientos. Esta condición las hace ver como frías. Esta es otra de las características por las cuales terminan siendo como si fueran personas muertas en vida. Disponen de un organismo vivo, pero sus facultades racionales, emocionales y sentimentales parecen las de un muerto.

A nivel de la sociedad, el automatismo se observa cuando se pierde el poder central y las personas terminan agrupándose en pequeñas comunidades con una organización propia, distinta a la del orden nacional. Las personas dejan de tener una fuerza social unificada y comienzan a moverse por un automatismo aleatorio. Cada quien dicta qué se debe hacer y no se obedece al gobierno global. Al igual a como sucede con las personas, la sociedad abandona la racionalidad y entra a operar en piloto automático. El automatismo social se produce cuando se renuncia al deber ser de la vida en común y cada quien vive como puede.

A nivel social, toda la sociedad se descompone en pequeños grupos, cada uno con sus propios intereses. Ya no hay una racionalidad de estado. Unos grupos se convertirán en bandas y se dedicarán al saqueo. Otros grupos crean estrategias para defenderse de los saqueadores. Las reglas ahora son dictadas por cada grupo y no por un poder superior.

Inmortalidad

En la "Historia de los Monstruos", Juan-Jacobo Bajarlía nos habla de la muerte como un medio para acceder a la inmortalidad. La muerte es un miedo cíclico para aterrorizar al hombre. Acaso la lucha por la felicidad sea una evasión de este sentimiento. Para obtener su inmortalidad, el hombre ha inventado la guerra y la rebelión contra los dioses, poseedores del secreto de la materia. Ha convalidado situaciones demoníacas. La impulsión de Fausto está en la raíz de todas las derrotas.

En el "Libro de los muertos", los habitantes de las tinieblas se dirigen a Toth con estas palabras: "No queremos ser borrados ante tus ojos". El concepto es evidente. Quieren vivir aún en la muerte porque les aterroriza la idea de una nada absoluta. Pero los sumerios, preocupados por esta inmortalidad, escribieron la Epopeya de Gilgamesh, dos mil años antes de Cristo. Gilgamesh le manifiesta a Enkidu su deseo de alcanzar el "país de la Vida". Es una idea obsesiva ante las muertes reiteradas del hombre, cuyo "corazón abatido" le señala su insaciable finitud. Pero en el "país de la Vida" hay también una hierba de la vida inaccesible, oculta en los abismos del mar de la muerte. Gilgamesh quiere extraerla para salvar a Enkidu, quien algún día ha de morir. Para él, éste y todos los mortales están condenados de antemano a perecer en una larga, imprevisible enfermedad llamada nacimiento. Entonces se arroja a esos abismos nunca superados por nadie, y después de luchar contra fuerzas desconocidas, obtiene la hierba de la vida y regresa con ella a las orillas del mundo. En ese instante una serpiente le roba la hierba y huye como impulsada por un extraño mecanismo. Deja su antigua piel. Desaparece. Gilgamesh se lamenta. Llora. Lo comprende, ha perdido la inmortalidad buscada. Los hombres perecerán. Pero a cambio de esa muerte inalienable, medita sobre el símbolo de la piel, comunicado por la serpiente al despojarse de ella. Ahora lo sabe, el hombre puede renovarse. Puede perder su envoltura y adquirir otra para rehacerse en su acción.

El deseo de la inmortalidad, y también la primera historia de la ciencia ficción, está contenida en el papiro de Satni Khamois del (siglo ni a. de J.C.). Es el relato de la rebelión del egipcio Neferkeptáh, escrita por un escriba en la época de Tolomeo II. Se trata de una historia obscura, modificada en el siglo VI de nuestra era por dos versiones sucesivas, la segunda de las cuales completa el esquema primitivo de la leyenda.

Según esa segunda versión, Neferkeptáh, dormido un día a la orilla del Nilo, es visitado por una "altísima sombra" de formas imprecisas y le dice: "Sé qué piensas Neferkeptáh. Pero nunca dejarás de ser un montón de carne corruptible y perecedera si no te apoderas de un libro escrito por Toth en cuyas fórmulas mágicas hallarás la inmortalidad." Neferkeptáh quiso responder. Su lengua era un signo muerto pegado al paladar. Cuando despertó, sudoroso, jadeante, como si hubiera sido castigado, vio una segunda sombra. Se alejaba hacia el norte por el Nilo. "Esa visión quiere decir, pensó Neferkeptáh, que el libro de Toth se halla en los confines del mundo." Y a partir de ese día equipó un barco para combatir contra todos los oleajes. Pero nadie quiso embarcarse. Temían la maldición de los dioses porque la empresa significaba un desafío al misterio impenetrable de la vida y la muerte. Entonces Neferkeptáh creó setenta muñecos, y los ubicó en el barco. Después, invocando a la "altísima sombra", les infundió movimiento y los dotó de habla.

Fueron los primeros robots de la historia, porque esos muñecos se movían mecánicamente y tenían una voz metálica y desagradable. La magia de Neferkeptáh espantó a los egipcios. Pero el barco, impulsado por sus muñecos humanoides, se lanzó a la conquista de ese lugar secreto en donde se ocultaba el libro mágico de Toth. Cuando llegaron, Neferkeptáh se sintió tan poderoso como los dioses. Sin embargo, éstos, habían observado la lucha demoníaca de aquél y decretaron su muerte. Lo borraron de todos los reinos de ultratumba.

Disolvieron su cuerpo y su espíritu como si nunca hubiese tenido un origen. El deseo de inmortalidad se convirtió en la nada absoluta. Neferkeptáh fue, desde entonces, el símbolo prometeico de quienes buscan el secreto de la materia para igualarse a los dioses.

Estas tradiciones antiguas nos muestran el deseo del hombre desde siempre de alcanzar la inmortalidad. Toda esta cultura de los muertos vivientes es una cristalización de ese deseo. Una persona con el Factor Zombi, actúa como si fuera inmortal. Su instinto de supervivencia se encuentra disminuido y no teme a la muerte. Se expone a situaciones de peligro con una indiferencia total hacia las consecuencias. El niño XZ camina hacia el camión como si fuera indestructible. El no tiene la consciencia de estarse suicidando, él simplemente camina hacia el vehículo sin ninguna razón. La calificación de su acción como suicida, la dan los demás, los observadores.

Para la persona con el Factor Zombi, el suicidio no es ética y moralmente inapropiado. Es simplemente un acto más de la vida. No hay una racionalidad al respecto. Para ellos, ir hacia el suicidio es como dirigirse hacia un abismo sin saberlo. Simplemente se trata de un hecho fortuito haber encontrado el abismo a su paso y haber caído en él, como es igual de fortuito vivir. Son las personas a su alrededor quienes las ven como suicidas y los internan en instituciones psiquiátricas para curarles el mal. La persona con el Factor Zombi se considera inmortal porque no tiene un significado para la palabra muerte. En su vocabulario no existe la palabra muerte y por eso no puede morir.

Estas personas también experimentan una pérdida casi total del apetito. Su menú se reduce a unas pocas opciones y si no se dispone de ellas, se prefiere no comer. Parecen entrar en una etapa en donde no necesitaran el alimento para sobrevivir. Quizá hay mucho de inmortalidad en ello. Como los zombis, son muy selectivos en el comer. Los zombis sólo comen cerebros y las personas con el Factor Zombi, comidas muy livianas, sin condimentos y poca combinación de componentes. La comida les causa repulsión y nausea. La comen por insistencia de los familiares, pero preferirían no hacerlo. No sienten una necesidad real de comer. En este hecho se manifiesta el sentido de inmortalidad de la persona con el Factor Zombi.

A nivel de la sociedad con el Factor Zombi, el rasgo de la inmortalidad se manifiesta también por una desvalorización del concepto de muerte. Da igual morir si se ha de vivir en las condiciones sociales, políticas y económicas del momento. Existe una especie de resignación compartida en los grupos hacia la muerte. Los miembros se preparan mentalmente para morir en cualquier momento. Ese deseo de extinción comienza en el individuo con un fuerte sentimiento de suicidio y se va contagiando al grupo. Al grupo le da igual extinguirse porque ha perdido el sentido de la vida. Cuando se pierde el miedo a la muerte, a la extinción, se comienza a experimentar una sensación de inmortalidad asombrosa.

Indiferencia

Albert Camus en su "Mito de Sísifo", nos habla del grado de indiferencia desarrollado por el protagonista ante su labor de arrastrar la roca una y otra vez cuesta arriba. Si este rito es trágico lo es porque su protagonista tiene conciencia. ¿En qué consistiría, en efecto, su castigo si a cada paso le sostuviera la esperanza de conseguir su propósito? El obrero actual trabaja durante todos los días de su vida en las mismas tareas y ese destino no es menos absurdo. Pero no es trágico sino en los raros momentos cuando se hace consciente. Sísifo, proletario de los dioses, impotente y rebelde, conoce toda la magnitud de su miserable condición: en ella piensa durante su descenso. La clarividencia debería constituir su tormento, pero consuma al mismo tiempo su victoria. Cualquier destino se puede vencer con el desprecio.

La persona con el Factor Zombi desarrolla una indiferencia total para enfrentar la rutina de la vida diaria. Le son indiferentes las razones de los demás para vivir. No entiende el esfuerzo de ellos para inculcarle las mismas razones. No hay nada de racional en cuanto dicen. No existe algo novedoso en sus argumentos. Ante los consejos de los demás, la persona con el Factor Zombi se convierte en la roca arrastrada por Sísifo cuesta arriba. En estas personas ya no se trata del desprecio de Sísifo ante su destino. Ellas son rocas insensibles frente a cualquier acción o manifestación de los seres humanos a su alrededor. Para ellas, el mundo y todos sus seres, son solo sombras en su oscuridad mental.

A las personas con el Factor Zombi sólo les queda la indiferencia como emoción humana, porque son incapaces de experimentar el resto de la emociones. En la oscuridad mental donde viven no pueden reconocer el colorido de la vida. No pueden maravillarse y sentirse alegres ante los estímulos del mundo. Nada de lo captado por sus órganos de los sentidos atraviesa las gruesas paredes de los lugares mentales en donde están encerrados. Estas personas no son indiferentes por el desconocimiento de las normas de cortesía. Lo son por su incapacidad de percibir el mundo en condiciones normales. Son muertos en vida.

A nivel de la sociedad, quizá el primer rasgo del Factor Zombi en manifestarse, es la indiferencia. Los miembros de la sociedad experimentan una especie de decepción ante las promesas incumplidas por el poder central y la sociedad comienza a disolverse en pequeños grupos. Estos grupos comienzan a mostrar una especie de automatismo para conducirse socialmente y pronto buscan el aislamiento en donde puedan autodeterminarse en su interacción social.

La indiferencia es la forma de cristalizar en el exterior la apatía experimentada a nivel de la persona y de la sociedad. En la persona es una especie de cansancio frente al día a día. Y en las sociedades se manifiesta mediante la anarquía y una sensación de desgaste ante todas las iniciativas emprendidas. La decidía atraviesa a todas las instituciones legítimamente constituidas y el desorden social es la nueva constante. La dinámica del cambio arrastra a las personas hacia la recuperación de la individualidad y a dejar en un segundo plano el sentido de la colectividad.

Angustia

Albert Camus nos plantea en el "Mito de Sísifo" a la angustia como un producto de nuestra capacidad de conocer. La inmensa angustia es demasiado pesada para poder sobrellevarla. Son nuestras noches de Getsemaní. Pero las verdades aplastantes perecen de ser reconocidas. Así, Edipo obedece primeramente al destino sin saberlo, pero su tragedia comienza en el momento cuando sabe. Pero en el mismo instante, ciego y desesperado, reconoce como único vínculo para mantenerse unido al mundo, esa mano fresca de una muchacha. Entonces resuena una frase desmesurada: "A pesar de tantas pruebas, mi avanzada edad y la grandeza de mi alma me hacen juzgar que todo está bien". "Lo normal", diría la persona con el Factor Zombi. El Edipo de Sófocles da así la fórmula de la victoria absurda.

Para la persona con el Factor Zombi, la angustia está a su alrededor, no en su interior. Ella no puede experimentar angustia porque carece de mente para el conocimiento. Su racionalidad está atrapada en la oscuridad de un encierro mental inexpugnable. Los observadores de la persona con el Factor Zombi se angustian porque no pueden entender la despreocupación de estas personas.

Antes de la presencia del Factor Zombi en una persona, está puede enfrentar altas dosis de angustia. Pero las angustias de estas personas son de índole existencial, no producto del conocimiento. La carencia de un claro sentido de la vida lleva a estas personas a experimentar una angustia profunda. Quizá esta angustia sea el desencadenante del Factor Zombi. No le ven sentido a la existencia y terminan hundidas en el profundo pozo de lo absurdo. Todo se les presenta sin sentido. Tal angustia les consume toda la energía y por eso deviene el estado de apatía, de cansancio y de indiferencia. Ya no se posee más vitalidad para seguir desentrañando el sentido de la vida.

A nivel de la sociedad, la angustia también se convierte en el elemento desencadenante del Factor Zombi. Cuando la sociedad comienza a ser inoperante, cuando el caos parece ser la dominante, los miembros de la sociedad se enfrentan a una situación de inestabilidad en todas las esferas de su vida. La angustia aquí es provocada por factores sociales y no por factores existenciales como sucede con el individuo. La sociedad también entra en un sobre esfuerzo para tratar de entender la realidad social reinante hasta agotarse. Sobreviene, entonces, la anarquía y la sensación del desgaste frente a todas las iniciativas por recuperar la unidad social. La indiferencia se presenta como la mejor forma de sobrevivir a la decepción y a la traición de los ideales.

Lo absurdo

Albert Camus nos plantea la posibilidad de lo absurdo solo si la felicidad también es posible. El sentimiento de lo absurdo es distinto de la noción de lo absurdo. No se descubre lo absurdo sin sentirse tentado a escribir algún manual de la felicidad. Solo hay un mundo. La felicidad y lo absurdo son dos hijos de la misma tierra. Son inseparables. Sería un error considerar a la dicha como forzosamente nacida del descubrimiento absurdo.

La sensación de lo absurdo también nace de la dicha. "Juzgo que todo está bien", dice Edipo, y esta palabra es sagrada. Resuena en el universo feroz y limitado del nombre. Enseña. No todo es ni ha sido agotado. Expulsa de este mundo a un dios. Había entrado en él con la insatisfacción y la afición a los dolores inútiles. Hace del destino un asunto humano. Debe ser arreglado entre los hombres.

En efecto, un símbolo supone dos planos, dos mundos de ideas y de sensaciones, y un diccionario de correspondencia entre uno y otro. Ese léxico es el más difícil de establecer. Pero tomar conciencia de los dos mundos puestos en presencia es ponerse en el camino de sus relaciones secretas. En Kafka esos dos mundos son el de la vida cotidiana, por una parte, y el de la inquietud sobrenatural, por la otra. Por eso Kafka expresa la tragedia mediante lo cotidiano y lo absurdo mediante lo lógico.

En la persona con el Factor Zombi, no hay la capacidad para entender y experimentar lo absurdo, pero todos sus actos son absurdos para el observador. Para las personas alrededor, es absurdo el acto de intentar quitarse la vida sin razón alguna para ello. Es absurdo el negarse a participar en las actividades de la vida cotidiana. Es absurda la incapacidad para sorprenderse ante lo novedoso.

La persona con el Factor Zombi es un ejecutor de actos absurdos, pero es incapaz de percibir y comprender como cosas absurdas sus actos y su comportamiento. Este es un rasgo bastante paradójico de la cultura de los muertos vivientes. Quizá este hecho lleva a tanta fascinación de las personas por esta manifestación cultural. Pero a la vez también le despierta tanto temor. Lo peor para una persona es perder la consciencia de sí. No reconocer como absurdo lo así considerado por los demás.

Las personas le tienen un gran temor a la enfermedad de Alzhéimer porque representa una perdida del Yo. La persona no es capaz de tener una consciencia de sí mismas. Algo parecido sucede con las personas con el Factor Zombi. Ellas tienen la consciencia de sí, pero son incapaces de interpretarla de manera apropiada. O por lo menos es la perfección del observador. Quizá ella tenga otra interpretación de su consciencia de sí y nosotros debamos buscar medios y formas para acceder a ella, entonces, quizá, dejaría de ser un absurdo todas sus manifestaciones.

A nivel de la sociedad, a diferencia de la persona, sí hay una comprensión de lo absurdo. Esta comprensión comienza a estar en la base del Factor Zombi en la sociedad. Ocurre cuando se identifica una contradicción entre lo prometido y lo finalmente ejecutado por los líderes de la sociedad. La identificación de lo absurdo, es el primer indicador de la pérdida de capacidad de la sociedad para satisfacer las necesidades del individuo. Éste se vuelve desconfiado y comienza a buscar nuevas formas de satisfacer sus necesidades por fuera de la gran colectividad. Comienza a juntarse con otros individuos para volver más efectiva su intención.

Lo absurdo es quizá el primer síntoma mediante el cual se manifiesta el cambio de las sociedades. En la transición de una época a otra, la identificación de lo absurdo ha llevado a los individuos a reconocer la necesidad del cambio, pero no es un cambio gestado de un día para otro, sino una dinámica del cambio como un continuo. La historia de la humanidad parece marcada por dos procesos básicos:

1. Un proceso de unificación: lo absurdo se reduce al mínimo y se logra la consolidación de una vida en sociedad con unos líderes poderosos.

2. Un proceso de individualización: lo absurdo se incrementa al máximo y la sociedad se disuelve en pequeños grupos con líderes locales.

La historia entonces se podría interpretar como un continuo yendo de la unificación a la individualización y de ésta de nuevo a la unificación y así sucesivamente.

Silencio

El silencio en las personas con el Factor Zombi, es un rasgo significativo. Es difícil establecer si se debe a su estado de apatía, es decir, a su indiferencia frente a todos y todo, o si se debe a un interés consciente. Estas personas hablan poco o nada. Parecen no tener temas sobre los cuales compartir puntos de vista con los demás. El silencio hace parte de su privacidad. Hablar con otros implicaría perder la privacidad de su mundo interior. El ensimismamiento es una estrategia eficaz para protegerse de los demás. Los demás siempre quieren juzgar e indicar qué es apropiado y qué no lo es.

Quizá, el silencio sea la única intención consciente de la persona con el Factor Zombi. El retraimiento le ayuda a estar alejado de todos los imperativos morales y éticos impuestos por los demás. El silencio los hace ver como seres raros, pero a la vez, los libera de toda esa sensiblería de lo emocional. También los libera de esa compulsión de las personas de estar hablando sin parar. A las personas con el Factor Zombi poco les interesa de este mundo. Su mundo real es de carácter mental. Allí sólo hay silencio, soledad, oscuridad y encerramiento.

La mejor forma de alcanzar el aislamiento y la indiferencia, es a través del silencio. Quizá las personas con el Factor Zombi lo usan de modo intencional. Pero también cabe la posibilidad de ser un efecto del aislamiento y el automatismo. Si hay un encerramiento psíquico en un mundo tan simplificado, sería normal no tener de qué hablar con los demás. Si el silencio es un efecto de unos seres sin razonamiento y sin emociones, entonces deja de ser una estrategia para volverse un rasgo significativo de la muerte en vida.

A nivel de la sociedad, en cambio, puede asegurarse el silencio como una estrategia para el cambio social. El sinsentido alcanza niveles altos y ya ni se justifica argumentar, criticar, proponer ideas alternas. Lo mejor es callar. Cualquier palabra dicha es un tiempo adicional de existencia del estado de cosas decepcionante. Lo mejor es guardar silencio, no avivar más al cadáver social en sus últimos estertores. Ya habrá oportunidad de decir algo cuando la dinámica del cambio lleve a estados de cosas distintas. Entonces se podrá volver a reconstruir una racionalidad social, política y económica. Pero cuando la racionalidad existente comienza a ser absorbida por lo absurdo, lo mejor es silenciarse y así el cambio podrá seguir su curso.

Destino

Albert Camus nos plantea el destino como algo carente de razón. El corazón humano tiene una fastidiosa tendencia a llamar destino solamente a cuanto lo aplasta. Pero también la felicidad, a su manera, carece de razón, pues es inevitable. Sin embargo, el hombre moderno se atribuye su mérito, cuando no la desconoce. Frente a la felicidad, el hombre es capaz de reconocerse como un ser racional, pero frente a la adversidad, se abandona a lo inevitable, al destino. Se debe retener, en todo caso, esta complicidad secreta en donde a lo trágico se une lo lógico y lo cotidiano.

En la persona con el Factor Zombi, la racionalidad es una facultad disminuida. Por eso aparece como un ser gobernado por el destino. La sin razón de este mundo le da la fuerza extraña para su automatismo. El destino mueve sus cuerpos, no la vitalidad del organismo. Parecen seres signados por una fuerza extraña a padecer toda la fenomenología de este mundo, la cual les resulta extraña e incomprensible. La existencia para ellos es una carga pesada. Quizá en un choque violento con un camión, se pueda descansar de la pesada carga.

El destino se burla de sus intentos de entrar con plenitud a la oscuridad de sus mundos mentales. Los observadores siempre logran impedir el suicidio. El destino les impide fundirse con la oscuridad de sus encierros psíquicos. Ellos no buscan morir, buscan la comodidad de su recinto encerrado y a oscuras, alejados de la fenomenología de un mundo con mucha luz, demasiado ruidoso y sin sentido.

A nivel social, el destino viene marcado por la dinámica del cambio. Parece sobreponerse a los individuos y a los grupos sociales para marcar el continuo de la historia de la humanidad. No es una historia de los ciclos, sino la historia del transcurrir permanente marcada por procesos de individualización y de colectividad, sin interrupciones.

El destino del cambio en la sociedad parece inevitable. Los grupos humanos siempre logran el punto más alto de racionalidad social, política, y económica. Aún así, es imposible evitar la decepción, la desidia y la indiferencia. La racionalidad, hasta entonces coherente y sistemática, se llena de absurdos y se hace necesario avanzar hacia una racionalidad distinta. Esa es la dinámica del cambio en donde el Factor Zombi es un elemento determinante, pero no suficiente. Junto a él convergen otros factores, como el social, el político, el económico, el cultural y muchos otros.

Libertad

En la persona con el Factor Zombi hay una sorprendente libertad de proceder hasta para ir hacia la propia muerte. Su existencia parece signada por el destino, pero sus actos son de total libertad. No se requiere una racionalidad para justificar los actos. Éstos tampoco obedecen a sentimentalismos o a estados emocionales de la persona. Son los actos más puros. Son los actos porque sí. Es la libertad en su plenitud y su máxima pureza. No se experimenta remordimiento frente a lo hecho.

La persona con el Factor Zombi se siente con total libertad para hacer cosas como para hacer nada. No necesita argumentar para defender su hacer o no hacer. Su aislamiento, su automatismo, y su indiferencia lo protegen de estar sometido a otros. Nadie puede inscribir a alguien en estados de orden si para ese alguien el orden le es indiferente. No mostrar interés en el mundo es la mejor forma de derrotar a todos los sistemas autoritarios. Nadie puede obligarte a hacer la voluntad de otro cuando nada de este mundo puede despertar tu interés y tu curiosidad.

Cuando no existen las ataduras de la razón, las emociones y los sentimientos, se está ante la verdadera libertar para actuar, para hacer cuanto se quiera. El concepto de libertad se amplia. Ya no es la capacidad para hacer cuanto se quiere dentro del marco de la ley, sino la capacidad de hacer todo cuanto se hace. Esta libertad ni siquiera está mediada por el deseo. La persona lo hace porque sí, inclusive morir sin proponérselo.

A nivel social, el rasgo de la libertad se manifiesta cuando el individuo se aísla del grupo social para ejercer un tipo de libertad distinto al permitido por la ley. Vuelve a ser una libertad dentro del marco de la ley, pero no ya una ley de la gran colectividad, sino una ley creada por los nuevos grupos cuando se disuelve la sociedad. En la dinámica del cambio social, la libertad se vuelve un instrumento para lograr una nueva cohesión de los individuos. Desde el concepto de libertad se comienza a construir una nueva racionalidad para reducir cada vez más lo absurdo y alcanzar de nuevo la gran colectividad gobernada por el orden social, político, económico y cultural.

Enfermedad

El Factor Zombi adquiere el estatus de enfermedad cuando su presencia se prolonga más de lo normal en las personas y la sociedad. Sus rasgos se propagan masivamente para promover un cambio significativo en los grupos sociales o en la sociedad. El Factor Zombi deja de ser una manifestación natural del cambio biológico de la persona en esa transición de la niñez a la adultez. Como ya se dijo, el Factor Zombi es más propio de la adolescencia. Pero cuando el Factor Zombi deja de ser la manifestación del cambio biológico, propio de la adolescencia, y empieza desde la niñez y se prolonga más allá de la adolescencia, ya es algo más. El Factor Zombi se vuelve la manifestación de un cambio social propio de un pequeño grupo social o de un gran grupo social, dependiendo de la cantidad de individuos con manifestación del Factor Zombi.

Tenemos entonces dos manifestaciones del Factor Zombi:

1. Manifestación del cambio biológico.

2. Manifestación del cambio social.

La primera describe, y la segunda, en cierta medida, explica. Si el Factor Zombi fuera visto como una enfermedad, la primera manifestación sería su diagnostico y la segunda proyectaría un tratamiento. Pero el remedio propuesto no cura. Sólo entra al Factor Zombi en la vida normal. Ayuda a aceptarlo. En cierto sentido lo hace querer. Quienes rodean a la persona con el Factor Zombi, se apasionan por ese vacío y ese dolor sin nombre, como si el sufrimiento adquiriese en este caso un rostro privilegiado. Este remedio sutil hace amar cuanto nos aplasta y hace nacer la esperanza en un mundo sin salida. Este salto brusco, mediante el cual todo cambia, es el secreto de la revolución existencial del individuo y de la sociedad misma.

A nivel de la persona, el Factor Zombi puede deberse a una falta de balance hormonal. Al ser más frecuente entre adolescentes, el cambio biológico operado por el sistema endocrino, puede impactar la zona límbica del cerebro. Esto explicaría la baja manifestación emocional, sentimental y racional de las personas con el Factor Zombi. A nivel social, desde el punto de vista organicista de la sociedad, la enfermedad social se manifestaría en la anarquía generalizada cuando el cambio social está en proceso.

Fracaso

La persona con el Factor Zombi se obstinará en encontrar su camino, hará todas las diligencias posibles, empleará astucias, andará con rodeos, no se enfadará nunca y, con una fe desconcertante, se empeñará en ejercer la función confiada por el destino. Cada intento de suicidio es un fracaso. Y también una reanudación. No es lógica, sino perseverancia. La amplitud de esta obstinación constituye lo trágico de su existencia. Cuando los demás critican su accionar, oye voces confusas y mezcladas, risas vagas, llamamientos lejanos. Eso basta para alimentar su esperanza, como esos signos cuando aparecen en los cielos de estío, o esas promesas del anochecer cuando constituyen nuestra razón de vivir. Aquí se encuentra el secreto de la melancolía particular de la persona con el Factor Zombi. Es la nostalgia de los paraísos perdidos. Mas a pesar de todo, la búsqueda de lo eterno es en ella meticulosa. Y esos autómatas inspirados nos dan la imagen de cuanto seríamos nosotros, si fuéramos privados de nuestras diversiones y entregados por completo a las humillaciones de lo divino.

El fracaso, en las personas con el Factor Zombi, solo está en la óptica del observador. Para la persona en sí, no existe una consciencia del fracaso. Para ellas es un transcurrir más de los acontecimientos. El morir o no morir es un episodio más de la existencia, de la cual no se tiene conocimiento pueda terminar. En su mente, la existencia es un transcurrir sin final. La inmortalidad deriva de ese desconocimiento de la finitud de la existencia.

A nivel de la sociedad, el fracaso es fundamental para dinamizar el cambio. Cuando los individuos perciben una contradicción entre las promesas hechas por los líderes sociales y las acciones realizadas, hay una primera percepción del fracaso social. Los individuos se consideran traicionados en su esperanza de lograr una coherencia social en la racionalidad propugnada por los líderes sociales a quienes apoyaron para alcanzar el reconocimiento y el poder ostentado. Se experimenta un sentimiento de decepción y se termina por aceptar una conclusión básica, la racionalidad social construida, no es la esperada, hay necesidad de volver a construir una nueva racionalidad social sin los vicios de la actual. Es el destino de Sísifo, llevar la roca hacia la cima y verla rodar para volver a arrastrarla hacia la cima de nuevo y así sucesivamente. En lo social también está la roca de la racionalidad. Ésta llega hasta su punto más alto y entonces empieza el declive de nuevo y como un Sísifo social, el individuo se impondrá de nuevo la tarea de elevar de nuevo la racionalidad social hasta su punto más alto.

Devorar

Como dice Albert Camus, "en ciertos hombres, el fuego de eternidad que los devora es lo bastante grande como para que quemen en él el corazón mismo de quienes los rodean".

En el Factor Zombi se reconoce un tema familiar de la filosofía existencial: la verdad contraría a la moral. La tentativa del observador debería consistir en volver a reconocer a la persona con el Factor Zombi, no de acuerdo con nuestras categorías de bondad y belleza, sino detrás de los rostros vacíos y horribles de su indiferencia, de su automatismo y de su aislamiento. Pero aquí volvemos a encontrar en estado puro la paradoja del pensamiento existencial tal como lo expresa Kierkegaard: "Se debe herir mortalmente a la esperanza terrestre, pues solamente entonces nos salva la esperanza verdadera"

En su obra "La Pureza del Corazón", Kierkegaard plantea: la obra optimista del señor Henri Bordeaux me parece singularmente desalentadora. En ella nada se permite a los corazones un poco difíciles.

El existencialismo ha sabido simbolizar con tanta amplitud el paso cotidiano de la esperanza a la angustia y de la sensatez desesperada a la obcecación voluntaria. Se simboliza el rostro conmovedor del hombre cuando huye de la humanidad. Saca de sus contradicciones razones para creer, razones para esperar en sus desesperaciones fecundas. Y llama vida a su aterrador aprendizaje de la muerte.

En las personas con el Factor Zombi, el rasgo de devorar recae sobre sí mismos. Quieren destruirse a sí mismos. Nunca su acción esta dirigida a dañar a otros. En este sentido son seres nobles. Llevan una vida oscura en sus encerrados mundos mentales y eso no les permite reconocer objetivos externos. El objetivo es ella misma. El intento de devorarse a sí mismas, no es un acto voluntario ni premeditado. Ellas no buscan devorarse en su oscura tumba mental para sobrevivir como hace Nosferatus. Ni siquiera son conscientes del calificativo de suicidio dado por los observadores a sus actos.

Rasgos del Factor Zombi

Luego de considerar los rasgos del Factor Zombi en detalle, se puede decir:

El Factor Zombi se aplica a dos ámbitos:

1. El individuo

2. La sociedad

Cuando el Factor Zombi se manifiesta en el individuo, puede ser de dos clases:

1. Biológico, representa un cambio orgánico entre el niño y el adulto, representado por la adolescencia.

2. Social, puede empezar en la niñez y prolongarse más allá de la adolescencia. En este caso se caracteriza por indicar una cierta disposición de los individuos hacia el cambio social. Estos cambios sociales pueden ser a gran escala o a pequeña escala, dependiendo de la cantidad de individuos con manifestación del Factor Zombi.

El Factor Zombi tanto en el ámbito biológico como en el social, se caracteriza por 12 rasgos:

1. Aislamiento, la persona se aísla psíquicamente y muestra baja capacidad para relacionarse con los

demás. A nivel social, la sociedad se descompone en grupos cada vez más pequeños hasta disolverse.

2. Automatismo, la persona pierde capacidad de movimiento y se muestra como movida por una fuerza diferente a la vitalidad de su organismo. En la sociedad, el individuo deja de actuar dentro de un orden global y busca formas propias de satisfacer sus necesidades. Entra en piloto automático para superar la crisis reinante y evitar el colapso dentro del caos imperante.

3. Inmortalidad, la persona pierde el apetito y se comporta como si no necesitara el alimento para vivir, como si fuera inmortal. En la sociedad se desarrollan altos niveles de adaptación a la escasez de productos para sobrevivir al hambre.

4. Indiferencia, la persona desarrolla una apatía hacia todo y todos. En la sociedad se produce la desidia y la anarquía.

5. Angustia, en la persona se presenta más como una interpretación del observador, pues la persona en sí no experimenta como angustioso su modo de ser. En la sociedad, la angustia sobreviene cuando se pierde la racionalidad social y empieza el saqueo y la persecución indiscriminada.

6. Lo absurdo, se presenta en la persona cuando no entiende el sentido de la vida y sin proponérselo, busca la muerte, sin una razón para ello. En la sociedad, lo absurdo deriva de la contradicción entre las promesas y las acciones de los líderes en quienes se depositó la confianza para el mantenimiento de una racionalidad social.

7. Silencio, es una forma de la persona de marcar su individualidad, su intimidad y privacidad. En la sociedad, es la forma de acelerar el cambio de racionalidad social. Cuando una racionalidad social mostró vacíos, es mejor no hablar más de ello y buscar una nueva racionalidad sin los vicios del presente.

8. Destino, en la persona es como un sino determinado por el espacio cerrado y oscuro en donde está atrapada su mente. En la sociedad, está marcado por la dinámica de cambio, superior al individuo y a los grupos sociales. Parece como si nunca se pudiera alcanzar una racionalidad social completa y estable. Siempre habrá decepciones y la necesidad de avanzar hacia una racionalidad social diferente.

9. Libertad, en la persona la existencia está marcada por el destino, pero sus actos son totalmente libres, inclusive para avanzar hacia la muerte. En la sociedad, se vuelve un elemento de cohesión social para avanzar de nuevo hacia la colectividad.

10. Enfermedad, en la persona podría deberse a una falta de balance hormonal con impacto en la zona límbica del cerebro. En la sociedad, sería el anarquismo generalizado.

11. Fracaso, en la persona es más una percepción del observador frente a los intentos fallidos de suicidio. En la sociedad, es el principal dinamizador del cambio. La falta de coherencia entre planes de gobierno y ejecución, se concibe como un fracaso y la necesidad de buscar una racionalidad social diferente.

12. Devorar, en la persona está dirigido sobre sí misma mediante sus actos de avance hacia la muerte no premeditada. En la sociedad, surgen bandas para saquear las ciudades. Son los devoradores de la prosperidad residual de una sociedad agonizante y ahora transformada en pequeños grupos refugiados en zonas rurales, para escapar de los devoradores.

Quizá la mejor forma de entender el Factor Zombi sea compararlo con el estado de la hibernación. La hibernación es la capacidad de ciertos animales para adaptarse a condiciones climáticas extremadamente frías. Se asemeja a un estado de hipotermia regulada durante algunos días, semanas o meses, lo cual les permite conservar su energía durante el invierno. Durante la hibernación, el metabolismo de los animales decrece hasta un nivel muy bajo, además de tener una temperatura corporal y una frecuencia respiratoria inferior a lo normal. Permanecen como dormidos, sin movimiento alguno. Durante este periodo utilizan las reservas energéticas almacenadas en sus cuerpos durante los meses más cálidos.

La hibernación se nos aparece como un estado en el cual los animales reducen su funcionamiento al mínimo cuando enfrentan condiciones externas desventajosas. El organismo entra en una especie de piloto automático. El animal es capaz de sobrevivir sin el consumo de alimentos. Está como aislado del mundo hasta cuando las condiciones externas vuelven a ser propicias. El organismo, entonces, vuelve a recuperar su pleno funcionamiento.

Algo similar ocurre con el Factor Zombi. Cuando la persona identifica unas condiciones externas adversas, se desconecta del mundo y entra en un estado de funcionamiento al mínimo. No le apetece el consumo de alimentos y evita toda actividad para conservar las reservas energéticas. Vive como si durmiera, aun estando despierta. Como los animales en hibernación, la persona con el Factor Zombi se desconecta del mundo para sobrevivir a las condiciones difíciles del momento. Vuelve activarse cuando las condiciones externas dejan de ser adversas.

En las sociedades con el Factor Zombi ocurre lo mismo. Los individuos reconocen unas condiciones sociales adversas y entran en piloto automático. Se desconectan de la vida social y entran en el consumo de recursos al mínimo para sobrevivir. Los individuos vuelven a activarse a su plena funcionalidad cuando las condiciones sociales dejan de ser adversas. Las sociedades y las personas, también tienen una capacidad parecida a la hibernación. La denominamos Factor Zombi.

Cuarta Parte: FACTOR ZOMBI EN LA SOCIEDA

Como ya queda dicho, el Factor Zombi es un factor determinante, pero no suficiente para entender el cambio de la sociedad en la historia de la humanidad. Además del Factor Zombi, en el cambio de las sociedades intervienen factores como el económico, el social, el político, el cultural y muchos otros. El Factor Zombi, además, podría haber recibido cualquier otro nombre. Se eligió este nombre por la facilidad de conectar sus rasgos característicos con las características de la cultura de los muertos vivientes.

Se han usado teorías económicas para explicar la transición de una época a otra, dando por supuesto algo no constatado: los seres humanos siguen siendo los mismos en su estructura mental, de un periodo a otro. ¿Pero y si por alguna razón se operara un cambio en la estructura mental de las personas y esto fuera el detonante para los cambios de época? Aquí tendría su asidero el Factor Zombi.

Hay muchos elementos en la historia de la humanidad, desde los cuales se da fundamento a la cultura de los muertos vivientes. Por ejemplo, Cristo resucitado de entre los muertos ya no muere más, la muerte no tiene ya dominio sobre él. Esta podría ser la justificación central para una cultura de los muertos vivientes. De este sólo hecho religioso, se pueden inspirar muchas creaciones sobrenaturales. Otro hecho significativo en la historia religiosa, lo constituye el Juicio Final, en donde los muertos resucitarán. Esta afirmación sugiere una gran imagen de la tierra poblada por muertos vivientes. Hasta la película más sensacionalista se quedaría corta al tratar de recrear esta imagen.

Como se dijo al comienzo, la sensación del encerramiento es una de las características básicas del Factor Zombi. En la transición del Imperio Romano a la Edad Media, la gente se refugia en zonas rurales para sobrevivir a los saqueos de las ciudades. Los pequeños poblados construyen murallas para encerrarse. Nace el Monaquismo de San Agustín como elemento de partida para conocer y comprender a Dios, cristiano. La individualización comienza por un aislamiento. El monaquismo de san Agustín en la Antigüedad, es un signo de ello. Las murallas en la Edad Media, son otro signo del encerramiento. El encerramiento es el indicio de un sentimiento de indiferencia. Esa indiferencia se plasma en realidades. La devaluación del Denario en el Imperio Romano es un ejemplo de materialización de la indiferencia, en algo tan importante como una moneda de intercambio comercial.

Pero el Factor Zombi también nos invita a hacernos preguntas. Por qué en la Modernidad, donde hubo un mayor desarrollo de la ciencia y un fortalecimiento de la razón, existe una mayor necesidad de la existencia de los muertos vivientes.

En una época de cambio social, las personas aman y sufren. Tienen y desarrollan sus proyectos vitales. Se forman una opinión sobre su tiempo y se comportan de acuerdo a ella, sin quedar paralizadas por los cambios, ni abrumados por esta pertenencia a un período de transformaciones tan profundas. No es correcto asignarle la misma intensidad a los diferentes momentos del pasado en donde la sociedad se ha enfrentado a un momento de encrucijada y cambio.

Para considerar el Factor Zombi como determinante del cambio social, consideraremos la historia de la humanidad como formada por un transcurrir continuo con cuatro momentos significativos:

1. La Antigüedad.
2. La Edad Media.
3. La Modernidad
4. La Postmodernidad.

Entre un momento y otro ha habido una continuidad marcada por una mayor manifestación del Factor Zombi como factor de cambio determinante. A continuación, analizaremos estos momentos y sus transiciones a la luz del Factor Zombi.

Factor Zombi

La Antigüedad

¿Cómo un mundo tan excepcionalmente homogéneo como la civilización mediterránea del año 200 después de Cristo se divide en tres sociedades: la Europa occidental católica, el Imperio bizantino y el Islam, y viven mutuamente enfrentadas durante la Edad Media?

En un plano más profundo y a la vez más amplio, observamos como la crisis y debilitamiento de la idea clásica del mundo fue sustituida por la visión del emergente cristianismo. Éste recuperó y transformó radicalmente dicha visión a un mismo tiempo.

La Antigüedad Tardía es un término propuesto desde la historiografía para tratar de responder a la pregunta antes formulada. Este concepto, primero fue una proposición cautelosa de Heri Perenne y Marrou. Luego tomó consistencia con Meter Brown. Se trata de una cronología del tiempo entre los siglos III y VIII, es decir, la transición entre La Antigüedad y La Edad Media. Es un tiempo determinado por nuevas personas, nuevos escenarios geográficos y políticos y por nuevas creencias. La insistencia viene marcada en la aproximación a este período a partir de sus características y no en términos comparativos con un período precedente. Las características son:

1. Nuevas creencias: sociedad cristianizada.

2. Nuevos actores: provenientes de territorios marginales.

3. Nuevos escenarios: se privilegian territorios de anterior importancia menor como ciudades de África en la desembocadura del Nilo. Otras crecen y se desarrollan a orillas del Thin y del Danubio.

4. Nueva política: el gobierno central del Imperio fue sufriendo una pérdida progresiva de poder.

5. Nueva administración: no era una buena vida. La debían llevar los hombres locales tan desprotegidos ante las bandas internas y pueblos germanos. Ellos cruzaban el Rhin con creciente facilidad. Ante el peligro inminente, las poblaciones urbanas buscan refugio en los campos, dándose formas de organización típicamente rurales. Esto ocurre durante el gobierno de Constancio II, hacia el año 360.

Diocleciano habría ordenado la gran persecución a los cristianos en la convicción de lograr la restauración de la grandeza romana. Ésta debía, en lo religioso, realizarse en torno a los dioses tradicionales de Roma. La misión fracasó. Por eso Aureliano sacó una conclusión lógica de los sucesos anteriores: si cabía todavía alguna recuperación real de la grandeza imperial, ésta debía, necesariamente, hacerse con el aporte de los cristianos y no contra ellos. La cristalización de la sociedad fue un fenómeno al interior de la Roma y no significó su colapso. El

Imperio Romano fue cristiano. En la mítica fecha del 476 después de Cristo, los hombres no se encontraron con la desaparición de lo antiguo y el surgimiento de algo completa y totalmente nuevo. Los hechos entre un estado social y otro se produjo dentro de una continuidad histórica.

En el momento histórico denominado la Antigüedad, se puede a su vez reconocer algunos momentos significativos:

1. Grecia antigua.
2. Imperio Romano.
3. Antigüedad Tardía.

Consideraremos estos periodos en detalle a continuación.

Antigua Grecia

El actual país Grecia se conocía antiguamente como Hélade, pero políticamente estaba fragmentado en numerosas polis o ciudades-estado independientes entre sí. Unas veces se aliaban y otras se enfrentaban en guerras sangrientas. No es fácil delimitar la civilización griega ni en cuanto a espacio ni tiempo. Convencionalmente se hace la siguiente división:

1. Arcaica (723-453 a. C.).
2. Clásica (siglo V-III a. C.).
3. Helenística (siglo III-I a. C.).

En este curso histórico surgieron varios hechos importantes y fundamentales en la formación definitiva de Grecia:

1. La formación de las polis (ciudades), en el siglo V antes de Cristo, la Edad Ateniense.

2. Las guerras Médicas o la del Peloponeso, cinco años después de la cual se trataron de modificar las ciudades-estados.

3. La preeminencia de Macedonia, con Filipo II y su hijo, Alejandro Magno, y la extensión por Asia del mundo helenístico.

4. La dominación romana en el siglo II antes de Cristo pondría punto final a la civilización griega políticamente, pero dejaría una impronta indeleble en sus invasores a través de los siglos.

Alejandro Magno fue el rey de Macedonia desde 336 a. C. hasta su muerte. Tras consolidar la unificación de varias ciudades-estado de la antigua Grecia, conquistó el Imperio Persa. A su muerte el reino sufrió grandes divisiones a causa de disputas entre los generales más cercanos a Alejandro.

El helenismo se extendió desde la fundación de los reinos de los diádicos a finales del siglo IV antes de Cristo hasta disolverse a finales del siglo I antes de Cristo, debido a:

1. El prolongado y suicida conflicto entre los lágidas y seléucidas. Debilitó los recursos de ambos.

2. El enfrentamiento prolongado entre los antigónidas y las ciudades-estado griegas.

3. La fragmentación del Imperio seléucida. Generó otros dos grandes reinos independientes y rivales: el de Pérgamo y el de la Bactria. Dicha fragmentación acabó por debilitar a los seléucidas.

4. El resurgimiento de las fuerzas persas. Mantuvieron una lucha contra los seléucidas, y también la lucha con Roma. Agotó sus recursos hasta disolverse.

5. La falta de un mínimo de sentido de cohesión frente a los romanos. Algunos de sus estados se

pusieron de parte de Roma en vez de llegar a un acuerdo entre ellas mismas. Esto inclinó la balanza a favor de Roma. En el 148 antes de Cristo Macedonia y Grecia finalmente pasan a ser parte del Imperio Romano y esto demarca el fin de la época griega.

Se observa en esta breve historia de la Grecia antigua, los siguientes rasgos del Factor Zombi:

1. La colectividad. Alejandro Magno logra unificar las ciudades-estado en un gran imperio. También logra expandirlo más allá de sus fronteras, conquistando otros imperios.

2. La individualización. El gran imperio se disuelve de nuevo en ciudades-estados. Las luchas entre ellos los debilita y la Grecia antigua como unidad política, social, y cultural, se disuelve para convertirse en algo diferente. La sociedad griega evolucionó hacia formas sociales y económicas de tipo feudal.

La individualización marca el paso de una forma de colectividad a otra. Este cambio está determinado por el Factor Zombi. En este cambio se pueden observar los siguientes rasgos:

1. Aislamiento, representado por las divisiones después de la muerte de Alejandro Magno. Cada general quiere tener su ciudad estado. El imperio griego se divide en grupos menores.

2. Automatismo, los grupos más pequeños entran en un enfrentamiento irracional, desperdiciando no sólo los recursos, sino las estrategias para enfrentar a los enemigos externos. Su comportamiento es mecánico. Es la guerra por la guerra, sin objetivos claros.

3. Inmortalidad, cada general se cree imbuido del espíritu inmortal de Alejandro Magno y por eso cree merecer el derecho a gobernar el imperio conquistado por él.

4. Indiferencia, los generales destruyen con cada acción la posibilidad de volver a tener un imperio gobernado por la racionalidad social. Con indiferencia despilfarran los recursos en luchas vacuas.

5. Angustia, la falta de racionalidad social hunde a las tropas en un estado de angustia capaz de inhabilitarlos para la lucha eficaz. Entran en grandes periodos de desmotivación y se vuelven presa fácil para el enemigo.

6. Lo absurdo, la contradicción entre los generales de Alejandro Magno, quienes llevados por la ambición no son capaces de darse cuenta de cómo están perdiendo lo antes conquistado.

7. Silencio, aunque durante la conquista del Imperio Romano se le permitió a Grecia conservar su cultura, la capacidad creadora falleció con la disolución de la unidad social. El pensamiento filosófico se silenció.

8. Destino, la actuación de los generales griegos a la muerte de Alejandro Magno, parece signada por el destino. Actúan como reses cuando se dirigen al matadero, con una total inconsciencia de los hechos.

9. Libertad, las libertades alcanzadas durante el imperio griego, se desvanecen y toman otras formas. El Imperio Romano logra un mejor sometimiento de los griegos cuando le ofrece conservar parte de sus libertades, pero aceptando nuevas restricciones.

10. Enfermedad, el Factor Zombi alcanza el estatus de enfermedad, cuando todos los griegos parecen obstinados en mantener guerras entre ellos.

11. Fracaso, está representado por los constantes debilitamientos de la unidad social, debido a las luchas intestinas.

12. Devorar, las formas de producción basada en esclavos, terminaron devoradas por la forma de producción feudal.

Quizá la mejor simplificación del Factor Zombi en la antigüedad griega está representada por la tragedia.

Tragedia

En una obra trágica, el destino se hace siempre sentir mejor bajo los rostros de la lógica y de lo natural. El destino de Edipo es anunciado de ante mano. Se ha decidido sobrenaturalmente. Debe cometer el asesinato y el incesto.

Todo el esfuerzo del drama consiste en mostrar el sistema lógico, de deducción en deducción, hasta consumar la desgracia del protagonista. El anuncio de ese destino inusitado apenas es horrible por sí solo, porque es inverosímil. Pero si se nos demuestra su necesidad en el marco de la vida cotidiana, la sociedad, el Estado, la emoción familiar, entonces el horror se consagra.

Imperio Romano

Edward Gibbon en su obra "La Historia de la Decadencia y Caída del Imperio Romano" (The History of the Decline and Fall of the Roman Empire) aborda la decadencia y caída del Imperio Romano. Consta de seis volúmenes. Está considerada como uno de los mayores logros literarios del siglo XVIII, y como uno de los libros de historia más influyentes de todos los tiempos.

Para él, el Imperio Romano sucumbió a las invasiones bárbaras debido a la pérdida de las virtudes cívicas tradicionales romanas por parte de sus ciudadanos. Estos se habrían vuelto débiles, delegando la tarea de defender el Imperio en mercenarios bárbaros. Éste es un claro indicio de la indiferencia de los romanos ante el actual estado de cosas. Los bárbaros se hicieron numerosos y arraigados en el Imperio y sus estructuras hasta tomarlo al fin. Los romanos, según él, tras la caída de la República se habían ido volviendo progresivamente "afeminados", poco deseosos de vivir una vida militar, más dura y "viril", al modo de sus antepasados. Ello habría llevado al abandono progresivo de sus libertades a favor de la tiranía de los césares, y habría conducido a la degeneración del ejército romano y de la Guardia Pretoriana.

Gibbon ve como primer catalizador de la decadencia del imperio a la propia Guardia Pretoriana. Fue instituida como una clase especial y privilegiada de soldados acampada en la propia Roma. Ya no quería defender el imperio. Querían vivir cómodamente en la ciudad. No cesó de interferir en la administración del poder. La "furia licenciosa fue el primer síntoma y causa primera de la decadencia del Imperio romano". Esto incluyó varios asesinatos de emperadores y demandas continuas de mejores soldadas. El erario no las pudo sobrellevar, habrían desestabilizado al Imperio.

La decadencia cívica, según el autor, se debe al cristianismo. Predicaba un modo de vida incompatible con el sostenimiento del Imperio. Surgió la creencia en una existencia mejor tras la muerte. Esto fomentó una mayor indiferencia sobre el presente entre los ciudadanos romanos. La promesa de la vida futura después de la muerte, generó un cambio del individuo hacia la espiritualidad. Desapareció el deseo de sacrificarse por el Imperio. El pacifismo cristiano acabó con el espíritu marcial de la sociedad romana. La intolerancia de los cristianos para consigo mismos y para con los demás habría sido una fuente continua de inestabilidad.

Gibbon plantea una teoría de decadencia para explicar la disolución del Imperio Romano. Ve como causas primeras de la caída de Roma a los problemas endógenos, y ve como causa final de la caída de Roma a los problemas exógenos, es decir, las invasiones bárbaras. Los problemas endógenos llevaron a la debilidad del Senado frente a los césares y a la Guardia Pretoriana, debida a la creciente autocomplacencia y desinterés por los asuntos terrenales, promovidos por el cristianismo. Todo ello llevó al abandono de los asuntos públicos y militares, y, con las invasiones bárbaras, se llevó al Imperio a su colapso.

Aunque el enfoque historiográfico de Gibbon es criticado en el presente, aquí nos interesa por los elementos aportados para identificar las características del Factor Zombi en la transición del Imperio Romano hacia la denominada Antigüedad Tardía.

Como en la Grecia antigua, el Imperio Romano también tuvo un momento de gran unificación social, política y económica, pero luego entra en una fase de individualización progresiva, característica del Factor Zombi. Los rasgos del Factor Zombi se manifiestan en la disolución del Imperio Romano, de la siguiente manera:

1. Aislamiento, los soldados romanos se establecen en las ciudades, descuidando el control del imperio.

2. Automatismo, el imperio pierde su dinámica de conquista y control, y entra en piloto automático. Ya no se lucha por el ideal de la república. Ahora se cobra para prestar servicios de seguridad a las figuras públicas.

3. Inmortalidad, el cristianismo cambia los ideales religiosos y lleva a los romanos a creer en la inmortalidad, en una vida después de la muerte.

4. Indiferencia, el cristianismo fomentó la indiferencia hacia el presente, porque había una vida

mejor después de la muerte. Hay desinterés sobre los bienes terrenales para pensar en los celestiales.

5. Angustia, surge de considerar el espíritu marcial como poco agradable al dios cristiano y se avanza hacia el pacifismo cristiano.

6. Lo absurdo, surge de la contradicción propia de nunca tener un imperio lo suficientemente grande para asumir los costos de su mantenimiento. El erario no pudo sobrellevar las soldadas cada vez más grandes, exigidas por los soldados para mantener el control del imperio. El imperio no podía expandirse más y en consecuencia no había con qué pagar para mantenerlo funcionando en las mimas condiciones como hasta entonces.

7. Silencio, los dioses romanos son cambiados silenciosamente por el dios cristiano, y con ellos toda la identidad del imperio. La gente no quiere hablar de temas públicos, sólo de asuntos religiosos.

8. Destino, de un espíritu marcial capaz de reinventar el mundo a voluntad del hombre, se pasa a un pacifismo cristiano en donde solo es posible la voluntad divina y el hombre debe aceptarla.

9. Libertad, los romanos entran en una fase profunda de vida licenciosa a costa de la perdida de sus libertades para ceder a la tiranía de los césares y de los bárbaros luego.

10. Enfermedad, la pérdida del espíritu guerrero se expande por el imperio como una epidemia.

11. Fracaso, los problemas endógenos llevaron a una incapacidad para enfrentar las invasiones bárbaras.

12. Devorar, los devoradores de otras naciones terminan devorados por los bárbaros. Toda la acumulación alcanzada en los años de esplendor fue saqueada por los nuevos dominadores de Roma.

Aunque con matices distintos, en el Imperio Romano se manifiestan los mismos rasgos del Factor Zombi identificados en la disolución de la Grecia antigua.

Factor Zombi

La Antigüedad Tardía

La vida monacal

Quizá la vida monacal sea la mayor característica para identificar el Factor Zombi en la Antigüedad Tardía. Esta vida monacal representa el rasgo de aislamiento propio del Factor Zombi. La transición de la Antigüedad hacia la Edad Media, estuvo marcada por una serie de cambios sociales, económicos, políticos, culturales y otros. Quizá la figura más representativa de esos cambios es San Agustín, como representante de la reflexión sobre el monaquismo. En su obra "La Ciudad de Dios" plantea una serie de reflexiones. Ellas constituyen la racionalidad de los nuevos cambios.

El autor nos dice, por la orilla del Mare Nostrum caminaba Aurelius Augustinus una buena tarde reflexionando seriamente sobre muchas de las doctrinas religiosas. En aquel tiempo circulaban dentro del Imperio. Pensaba en ellas, a pesar de no pertenecer a ninguna de éstas y declararse públicamente "escéptico". Una de ellas, el cristianismo.

Pero en relación con ésta, su mente no podía apartarse de la idea de Trinidad.

"¿Dios, Hijo y Espíritu? ¿Pero realmente sólo una Persona?"

Abstraído en esta reflexión se encontraba, cuando un niño, jugando en la arena, llamó su atención. El pequeño, quien había hecho un hoyo en la arena de la playa, recorrió decenas de veces la distancia entre el agujero y el mar para ir en busca de agua y entonces vaciarla en el orificio de la arena. Lleno de curiosidad, Aurelius Augustinus se acercó despacio al niño. Si lo hacía de otra manera bien podría asustarlo, pensaba. Y le preguntó qué hacía. Con una sonrisa, quizá un poco burlona, pensaría más tarde Aurelius Augustinus, éste le contestó: "estoy sacando toda el agua del mar para ponerla en este hoyo", y apuntó al agujero, Aurelius Augustinus ya había reparado en él con anterioridad. Aurelius Augustinus soltó una pequeña carcajada ante la inocencia del chico. "Eso es imposible", le dijo convencido de estar haciéndole un favor al niño, quizá así desistiera de aquella imposible empresa. Pero el pequeño, mirándolo fijamente a los ojos, antes de volverlos nuevamente al mar, contestó a Aurelius Augustinus: "más imposible es tratar de hacer lo que tú estás haciendo: tratar de comprender en tu pequeña mente el misterio de Dios".

San Agustín refleja en este pasaje la compleja situación de los romanos en la época de transición. Para ellos era difícil comprender los principios espirituales de la nueva religión. Acostumbrados a varios dioses para representar los principios religiosos, cada uno por separado, se enfrentaban a un nuevo dios monoteísta como manifestación única de todos los principios espirituales.

En la misma obra, el autor hace por primera vez la reflexión sobre la vida monacal. La vida monacal llevada desde entonces por él, y por varios años junto con varios compañeros, no logró satisfacerlo plenamente. Se dirigió, pues, a Hipona, para asistir al obispo Valerio. Lo aceptó, pero no fácilmente. Los cambios no le gustaban a Aurelius Augustinus. Y no le gustarían nunca, incluso al momento de ser ordenado obispo de dicha ciudad.

Fue duro para él, dejar el monasterio de laicos y trasladarse a la casa del obispo. "¿Qué hacer ahora?", se preguntó como siempre. De seguro algo se le ocurriría. Y así fue. Transformó entonces la casa del obispo, su casa, en un monasterio de clérigos.

En la historia de la humanidad, se considera a estas reflexiones el hecho fundador del monasterio. La transición de la Antigüedad a la Edad Media, está marcada por un aislamiento físico y espiritual. Quienes construirán la nueva racionalidad de la sociedad se retiran a los monasterios. Desde allí, se crean los conceptos para fundamentar el paso de un mundo poblado de dioses paganos a un mundo del verdadero y único dios cristiano.

El autor continúa con sus reflexiones. Era 28 de agosto de 430. Hacía ya exactamente veinte años, de la entrega de una epístola. Contenía penosas nuevas acerca del sitio y saqueo de Roma por parte del visigodo Alarico. Le habían despertado pocas horas después del amanecer. Como aquella mañana, Aurelius Augustinus pensó en Dios. Y se dijo a sí mismo las palabras con las cuales cierra su Ciudad de Dios: "He aquí lo que habrá al fin, mas sin fin. Pues ¿qué otro fin puede ser nuestro fin sino llegar al reino que no tiene fin?" Pero si aquella epístola de 410 cambiaría para siempre la vida de este hombre, ésta de 430 le pondría fin.

El final de la Ciudad de Dios representa el mayor cambio de la transición. De una cultura en donde la importancia estaba depositada en el disfrute del momento, se pasa a la aceptación de la promesa de la vida futura. Después del mundo finito de los sentidos, se llega al reino sin fin.

Antigüedad tardía

El termino "antigüedad tardía" se ha venido acuñando en las últimas décadas para indicar aquel extenso arco de tiempo entre los siglos II al VIII después de Cristo. En lo cronológico, abarca como un solo periodo los sucesos de la crisis del siglo III romano hasta la invasión de los árabes en Europa, de un lado, y la llegada de Carlomagno al poder, de otro lado.

La crisis del siglo III hace referencia a un período histórico del Imperio romano, de cincuenta años de duración, comprendido entre la muerte del emperador Alejandro Severo, en el año 235, y el acceso al trono del Imperio por parte de Diocleciano en el año 284. Se producen fuertes presiones de los pueblos exteriores al Imperio y una fuerte crisis política, económica y social en el interior del Imperio. Tanto en Italia como en las provincias irán surgiendo poderes efímeros sin fundamento legal. La vida económica se verá marcada por la incertidumbre de la producción, la dificultad de los transportes, la ruina de la moneda, etc.

De este período se han diferenciado dos momentos, así:

1. Anarquía militar (235-268). Se produce una ausencia, casi constante, de una autoridad central y regular duradera. Los soldados de los ejércitos fronterizos, de los límites imperiales, designan y eliminan emperadores a su voluntad. Varias provincias de occidente y oriente se escinden para formar el Imperio galo y el Imperio de Palmira, respectivamente, en un intento de hacer frente con sus propios medios a los peligros exteriores.

2. Emperadores ilirios (268-284). Después de la anarquía militar, diferentes emperadores de origen ilírico y danubiano lograron reunificar el Imperio y sentar las bases para restablecer la situación.

Con el nombramiento de Diocleciano y el establecimiento primero de la Diarquía y después de la Tetrarquía, se da por superada la crisis del siglo III. Quizá el elemento más representativo de esta crisis fue la devaluación del Denario como moneda de intercambio comercial. Se considera a Caracalla el promotor de la política de devaluación para atender los gastos cada vez más crecientes del imperio. Los sucesores de Caracalla continuaron dicha política, reduciendo la composición del denario hasta un 50 % de plata, pero manteniendo el valor facial y peso de éste, trayendo su inevitable pérdida de valor y una consiguiente inflación. La moneda romana tenía un poder adquisitivo sumamente bajo al iniciarse el siglo IV y el comercio se llevaba a cabo principalmente a través del trueque. Todos los aspectos del estilo de vida romano se vieron afectados por esta situación, pues no sólo se perjudicaba el comercio y la pequeña industria, sino también a la agricultura, principal actividad económica del Imperio.

A esto se une otro hecho. La economía romana estaba basada, desde los días de Augusto, en aprovechar los recursos de las regiones recién conquistadas para sustentar la burocracia y la corte imperial. Al cesar la expansión territorial tras las conquistas de Adriano y Trajano, el Imperio Romano no disponía de nuevos territorios cuyas riquezas pudieran sostener los gastos gubernamentales cada vez más crecidos y pronto causaron un serio déficit.

El desasosiego difundido por la inflación y el empobrecimiento generalizado, volvió a los viajes de los comerciantes menos seguros. Aumentó el número de salteadores y se redujo la seguridad dada por las legiones en muchas provincias. Las tropas estaban ocupadas en servir como soportes políticos para los diversos candidatos al trono.

Los grandes terratenientes comenzaron a producir bienes para la subsistencia y el intercambio puramente local, con frecuencia en sus propias haciendas, dando comienzo así a la economía de autarquía, alcanzando su forma final en el feudalismo. El metal precioso era cada vez más escaso y por lo tanto la moneda empezaba a desaparecer.

La población libre de las ciudades empezó a desplazarse a zonas rurales en búsqueda de comida y protección. Desesperados por la necesidad de sobrevivir, muchos de estos plebeyos de las ciudades, así como muchos pequeños agricultores, se vieron forzados a renunciar a derechos básicos de ciudadanía para recibir protección de los grandes aristócratas convertidos en terratenientes. Esto formaría la base de la sociedad medieval feudal. Con el aumento del cristianismo, la esclavitud desaparece casi por completo.

La medida de riqueza en este periodo empezó a estar menos relacionada con la autoridad civil basada en las urbes y pasa a estar relacionada más con el control de grandes haciendas agrícolas. La aristocracia tuvo menos poder político y económico sobre la población común, y la antigua clase media disminuyó hasta casi extinguirse en la mayoría de las urbes.

Factor Zombi en la Antigüedad

Quizá el primer síntoma para reconocer el inicio del declive de una sociedad, en su punto más alto de desarrollo, sea la contradicción ética y moral. El individuo comienza a percibir una falta de coherencia entre la ética y la moral predicada por los líderes de la sociedad y la practicada por ellos. Es decir, a los miembros de la sociedad se le exige un determinado comportamiento ético y moral, pero los gobernantes practican otra ética y otra moral.

En la antigüedad griega, esto se hace evidente a la muerte de Alejandro Magno. El ideal del imperio se disuelve en diferentes posturas éticas y morales gobernadas por la ambición. Se pierde el espíritu nacional para avanzar hacia el interés particular. Igual sucede con el Imperio Romano. El espíritu marcial cede ante el interés particular. Ya no hay un sentimiento único inspirado por la república. Cada quien marca su propio interés. A partir de ese momento, al individuo del común solo le queda inmunizarse mentalmente frente a la descomposición social reinante. Se vacuna mental y físicamente para evitar el dolor de la rapiña desatada a su alrededor. Comienza entonces la manifestación del Factor Zombi en las personas. Cada vez se extiende más hasta alcanzar a un número significativo de miembros de la sociedad y entonces las condiciones para el cambio están dadas. Desde este retraimiento del individuo, todo cambio es posible. Se ha blindado contra todo daño externo y así nadie puede dañarlo, ni someterlo. Por el contrario, está en condiciones, desde su inercia mental y física, de sabotear todo el estado de cosas del presente. Quizá la autentica forma de revolución social sólo pueda darse desde el Factor Zombi. Las personas no pueden ser obligadas a nada, no se les puede causar daño, y sin embargo bloquean cualquier intento de ser usados para a la acción con intereses particulares.

Las personas con el Factor Zombi son como muertos en vida contra quienes toda acción del estado y del medio externo es inoperante. La mejor forma de lucha es no luchar, no mostrar interés en debatir ideas, no ejercer la racionalidad, no mostrar emociones, no expresar sentimientos. Es la mejor forma de reducir todo a lo absurdo. Es permanecer muertos ante lo desagradable de la sociedad y del mundo circundante. Tratar de someter a una persona con el Factor Zombi es como someter a la roca de Sísifo. Ella solo rueda hacia arriba o hacia abajo, sin experimentar ninguna emoción ni daño.

Quizá en la transición de la Antigüedad hacia la Edad Media es donde mejor se pueden evidenciar los rasgos del Factor Zombi:

1. Aislamiento, representado por el monaquismo de San Agustín y el establecimiento de los terratenientes en zonas rurales para lograr abastecimiento de alimentos y seguridad, lejos de las ciudades.

2. Automatismo, la gente del común deja de obedecer a un gobierno centralizado y huyen a las zonas rurales. Entran en piloto automático para buscar seguridad alimenticia y protección contra los saqueadores de las ciudades.

3. Inmortalidad, se pasa de los dioses paganos a un dios único, quien recompensa a sus creyentes con la esperanza de la vida eterna. La resurrección de los muertos despierta ese encanto de experimentarse como muerto viviente.

4. Indiferencia, tanto los griegos como los romanos entran en una fase de indiferencia frente a las grandes conquistas alcanzadas y empieza un declive hacia la disolución del imperio.

5. Angustia, manifestada en el individuo corriente, quien avanza a una interiorización del Factor Zombi para sobrevivir a la descomposición reinante.

6. Lo absurdo, representada por la incapacidad de mantener la racionalidad social cuando se alcanza el pico más alto en materia de organización social.

7. Silencio, asumido por las personas comunes para esquivar los ataques de la rapiña circundante.

8. Destino, representado por una dinámica donde los grupos sociales alcanzan altos niveles de organización social e inevitablemente comienzan un proceso de descomposición social, desde el cual se avanza de nuevo hacia un estado de alta organización social y así sucesivamente.

9. Libertad, se renuncia a las libertades individuales para buscar la seguridad alimenticia y la protección contra el saqueo.

10. Enfermedad, representada por la descomposición social, materializada en la inseguridad y el saqueo.

11. Fracaso, representado por la incapacidad para volver atrás en la recuperación de los ideales nacionales y en vez de ello, avanzar hacia la disolución total de lo conquistado.

12. Devorar, la situación social alcanza un estado en donde unos devoran a otros a través del saqueo y el asesinato.

En la transición de la Antigüedad hacia la Edad Media, quizá el rasgo más significativo del Factor Zombi es el del encerramiento. Los pensadores se encerraron en los monasterios y desde allí generaron la nueva racionalidad para la organización social de la Edad Media. Los productores se encerraron en sus extensiones de tierras junto con las personas del común y desde allí crearon las nuevas condiciones de vida, propias de la Edad Media.

La Edad Media

Gibbon, como muchos otros intelectuales ilustrados, veía la Edad Media como una edad oscura llena de superstición, conducida por el clero. No había sido hasta la Edad de la Razón, según él, cuando la Humanidad pudo recobrar el progreso comenzado en la Edad Antigua. Curiosamente, al plantear el supuesto pacifismo cristiano y su desinterés por la vida terrena, Gibbon y sus coetáneos se estaban haciendo eco de los textos de la apologética cristiana de los siglos III-V después de Cristo.

El paso de la Antigüedad hacia la Edad Media se caracteriza por un desplazamiento de la cultura desde el marco urbano al rural. Y a su vez, el paso de la Edad Media hacia la Modernidad, tuvo el proceso inverso. Se caracteriza por un desplazamiento de la cultura desde el marco rural al urbano. También hay profundas transformaciones en la relación de los hombres con la fe cristiana.

Quizá el hecho más representativo de la Edad Media para el Factor Zombi, sea la historia del verdadero Conde Drácula, cuatrocientos años antes de volverse un personaje fantástico de la literatura.

Drácula

Barbara Belford en su obra "Bram Stoker and the Man Who Was Drácula" (Bram Stoker y el hombre detrás de Drácula) de 2002, nos cuenta quién fue el personaje histórico sobre el cual está inspirado el personaje literario de Drácula.

En Rumania, Drácula no es un personaje ficticio de la literatura. Se le sigue considerando un héroe nacional. Se llamaba Vlad Draculea, y fueron numerosos los enfrentamientos de él, desde Valaquia, con el invasor turco.

Nació en 1428, en la ciudad de Sighisoara, Transilvania. Era el heredero del príncipe Vlad, miembro de una sociedad secreta denominada el "Dragón". Por ello era llamado Vlad Dracul. Al nacer su hijo se le llamó Vlad Draculea, o hijo del Dragón, o del Demonio, y comenzaría con tal apelativo una carrera de sangre y crueldad. En 1448 accede al trono de Valaquia tras el asesinato de su padre, a cargo de sus enemigos políticos. Fue un soberano cruel y despiadado. Quizás esa misma falta de piedad era la más temida por sus enemigos, dentro y fuera de sus fronteras.

Cuando los musulmanes entran en Constantinopla en 1453, el sultán Muhammad II no frena sus ánimos expansionistas del imperio otomano. Así comienza la Edad Media, con los turcos pisando Europa a través de las tierras valacas. Allí fue enfrentado por Vlad Tepes. Pronto se ganaría su apodo de "El

Empalador". Mandaba talar masas boscosas enteras y hacer afiladas estacas de dos metros y medio de altura. Cuando sus enemigos caían en sus manos, pasaba a ensartarlos en ellas. Introducía la estaca por el ano hasta salir por la boca. Una vez realizada esta acción, se dejaba al infeliz invasor clavado y plantado en el suelo como muestra del poder de Vlad Tepes. Esta práctica también la realizó con personajes de su corte o delincuentes del país. El mayor acto de sangre lo padecieron los otomanos. Vlad Draculea hizo prisioneros a dos mil soldados turcos y los mandó a empalar a lo largo del camino por donde debían pasar las tropas hasta las inmediaciones de su castillo. Los empalados se desangraban o eran comidos por las alimañas. Con tal horror, el sultán ordenó el repliegue de su ejército.

Vlad Tepes, debido a una conspiración en palacio, cayó en manos de sus enemigos. Fue encarcelado desde 1462 a 1475. Tomó el poder su hermano Randu "El hermoso". Se puso al servicio del sultán otomano. El 10 de Enero de 1475 Vlad sale del castillo donde estaba confinado. Se une a las fuerzas del príncipe Esteban Bathory. Luchan en la batalla de Vaslui. No tardó en recuperar su trono en Noviembre de 1476. Poco después cae en una emboscada de los turcos cuando cruzaba un bosque con su guardia personal. Fue decapitado y su cabeza llevada a Estambul donde fue exhibida.

Bram Stoker basó su novela Drácula sobre la figura histórica de Vlad Tepes. Lo sabido por Stoker sobre la vida y las atrocidades de Vlad Tepes es confuso. Él estaba enterado de Vlad por un libro de historia, obtenido de la biblioteca de Whitby. Pero quizá el mayor conocimiento sobre Tapes lo obtuvo de su consultor Arminius Vámbéry.

Hechos representativos de la Edad Media

La Edad Media es el período histórico de la civilización occidental comprendido entre el siglo V y el XV. Convencionalmente, su inicio es situado en el año 476 con la caída del Imperio Romano de Occidente y su fin en 1492 con el descubrimiento de América o en 1453 con la caída del Imperio Bizantino.

El concepto de Edad Media nació como la segunda edad de la división tradicional del tiempo histórico debida a Cristóbal Cellarius en 1688. La consideraba un tiempo intermedio entre la Edad Antigua identificada con el arte y la cultura de la civilización grecorromana y la renovación cultural de la Edad Moderna. Sería un periodo dominado por el aislamiento, la ignorancia, la teocracia, la superstición y el miedo milenario alimentado por la inseguridad endémica, la violencia y la brutalidad de guerras e invasiones constantes y epidemias apocalípticas.

El feudalismo se entiende como un modo de producción, basado en las relaciones sociales de producción en torno a la tierra del feudo. O como sistema político, basado en las relaciones personales de poder en torno a la institución del vasallaje.

La Edad Media realizó una curiosa combinación entre la diversidad y la unidad. La diversidad fue el nacimiento de las incipientes naciones. La unidad procedía de la religión cristiana. Se impuso en todas partes. Esta religión reconocía la distinción entre clérigos y laicos. Señaló el nacimiento de una sociedad laica. Se caracterizó por el trabajo manual de artesanos y campesinos, responsables de un lento pero constante progreso en las herramientas y procesos productivos.

La burguesía es el nuevo agente social formado por los artesanos y mercaderes. Surgen en el entorno de las ciudades, bien en las antiguas ciudades romanas, bien en nuevos núcleos creados en torno a castillos o cruces de caminos. La burguesía estaba interesada en presionar al poder político (imperio, papado, las diferentes monarquías, la nobleza feudal local o instituciones eclesiásticas, controladoras de sus ciudades). Buscaban la apertura económica de los espacios cerrados de las urbes, la reducción de los tributos de portazgo y la garantía de formas de comercio seguro y una centralización de la administración de justicia e igualdad de las normas en amplios territorios.

El siervo huido se consideraba libre de retornar con su señor si conseguía domiciliarse en una corporación urbana por un año y un día. Tenía todo un nuevo mundo de oportunidades para explotar. La sujeción a las normas gremiales y a las leyes urbanas podía ser más dura. La justicia urbana significaba la rigidez en la aplicación de la ley. Mantenía los caminos y las puertas de entrada flanqueados con cadáveres de ajusticiados y un severo toque de queda, con cierre de puertas al anochecer y rondas de vigilancia. Concedía a los burgueses la oportunidad de ejercer parcela de poder, incluyendo el uso de las armas en la milicia urbana.

La aparición de burgueses ricos y de una plebe urbana pobre originó un nuevo tipo de tensiones sociales con revueltas urbanas. En cuanto a los aspectos ideológicos, la expresión del inconformismo burgués con su puesto marginal en la sociedad feudal está en el origen de las herejías. Los intentos de responder a esas demandas del mundo urbano por parte de la Iglesia, así como de controlarlas y si era del caso reprimirlas, produjeron la aparición de las órdenes mendicantes, franciscanos y dominicos, y de la Inquisición.

Johan Hizinga en "El Otoño de la Edad Media", nos habla de un ocaso de la Edad Media, en vez de una decadencia, para referirse a un claro agotamiento de los rasgos específicamente medievales frente a sus sustitutos modernos. Hay una crisis conducente a una transición. Ésta viene marcada por la ley de rendimientos decrecientes. Empezó a mostrar sus efectos cuando el dinamismo de los campesinos forzó la roturación de tierras marginales. Las lentas mejoras técnicas no podían sucederse a un ritmo semejante. La coyuntura climática cambió, acabando con el denominado óptimo medieval representado por la colonización de Groenlandia y el cultivo de vides en Inglaterra. Las malas cosechas condujeron a hambrunas. Debilitaron físicamente a las poblaciones, preparando el terreno para la Peste Negra de 1348. La repetición sucesiva de epidemias también debilitó espiritualmente a las personas.

Las consecuencias no fueron negativas para todos. Los supervivientes acumularon inesperadamente capital en forma de herencias. En algunos casos pudo invertirse en empresas comerciales, o acumularon inesperadamente patrimonios nobiliarios. Hubo alteraciones en los precios de mercado de los productos, debido a tensiones nunca vistas de oferta y demanda. Esto cambió la forma de percibir las relaciones económicas. Los salarios crecían mientras las rentas feudales pasaron a ser inseguras, obligando a los señores a decisiones difíciles. Hubo cambios de estrategia productiva como el paso de la agricultura a la ganadería.

El negocio lanero produjo alianzas internacionales. Se suscitaron guerras comerciales. Únicamente los nobles con más capacidad pudieron convertirse en una gran nobleza o aristocracia de grandes casas nobiliarias. La pequeña nobleza se empobreció, reducida a la mera supervivencia o a la búsqueda de nuevos tipos de ingresos en la creciente administración de las monarquías, o a los tradicionales de la Iglesia. La condición social depende más de la capacidad económica y no del origen familiar. Frente al mundo medieval de los tres órdenes (monarquía, religión, señores feudales), basado en una economía agraria y firmemente ligada a la posesión de la tierra, emerge un mundo de ciudades basado en una economía comercial. Los centros de poder se desplazan hacia los nuevos burgos. Aparecen los primeros ejércitos profesionales, compuestos por soldados a sueldo. La guerra pasa a depender no de las huestes feudales, sino de los crecientes impuestos, pagados por los no privilegiados.

Factor Zombi en la Edad Media

En la transición de la Edad Media hacia la Modernidad, los rasgos del Factor Zombi adquieren otras expresiones diferentes a las de la Antigüedad Tardía.

1. Aislamiento, ya no se da en los monasterios, sino en los burgos donde los artesanos y comerciantes se establecen para escapar al control de los señores feudales, de los monarcas y del clero.

2. Automatismo, los burgueses entran en piloto automático para buscar las nuevas estrategias de ordenamiento jurídico, distinto del monárquico y el eclesial.

3. Inmortalidad, deja de ser un privilegio del cristianismo y se vuelca sobre la ciencia. Mediante el estudio de las epidemias como la Peste Negra, se puede aspirar a una vida más larga y saludable.

4. Indiferencia, se manifiesta en los vasallos quienes huyen hacia los burgos en busca de nuevos estilos de vida, distintos a los feudales.

5. Angustia, representada por la pax urbana con su aplicación estricta de la ley, los toques de queda y las ejecuciones ejemplarizantes.

6. Lo absurdo, el desbordamiento de los precios por el abuso del libre ejercicio de la oferta y la demanda. La desaparición de grandes fortunas de un día para otro, debido a los cambios en marcha.

7. Silencio, representado por los artesanos, quienes de forma silenciosa imponen una nueva práctica económica: el comercio de artilugios, a veces sin utilidad alguna, solo para la decoración.

8. Destino, una vez más un modo de organización social llega al punto óptimo e inevitablemente comienza el declive hacia su disolución. Luego de la

colonización de Groenlandia y la plantación de vides en Inglaterra, se entra en la crisis hacia la modernidad.

9. Libertad, aunque es más amplia en la zona rural, las personas prefieren marchar hacia los burgos. Allí la libertad es más restringida, pero es distinta a la rural, la cual ya no satisface al individuo inmunizado con el Factor Zombi en contra del feudalismo.

10. Enfermedad, representada por la Peste Negra y sus repetidas epidemias. Vino a mostrar la finitud del ser humano. La vida eterna, pregonada por el cristianismo, también tuvo su acta de defunción con la peste.

11. Fracaso, de las personas con fortunas modestas quienes de un día para otro se convirtieron en los nuevos pobres de la sociedad cambiante.

12. Devorar, los burgueses devoraron a la monarquía con deudas imposibles de pagar. Los llenaron de artilugios sin valor y cuando llegó el momento de cubrir las deudas, la monarquía se vio obligada a compartir su poder. Los burgueses lograron la expedición de leyes bastante favorables para sus intereses. Habían recibido bastante a cambio de nada, poder por baratijas para decorar.

El Factor Zombi en la transición de la Edad Media a la Modernidad, mantiene sus características, pero su manifestación es la totalmente inversa a la presentada en la transición de la Antigüedad a la Edad Media. En el primer caso el aislamiento se dio de la ciudad hacia las áreas rurales. En el segundo caso, el aislamiento de las áreas rurales hacia la ciudad. Y así se podría analizar la inversión con los demás rasgos.

Factor Zombi

La Modernidad

La Modernidad hace referencia a los procesos sociales e históricos, cuyos orígenes, en Europa Occidental, se ubican a partir de la emergencia del Renacimiento. El movimiento propone metas para cada ciudadano según su propia voluntad. Se alcanza la meta de una manera lógica y racional, es decir, sistemáticamente se da un sentido a la vida. Se niegan en la práctica los valores tradicionales o impuestos por la autoridad. Se antepone la razón sobre la religión. Se crean instituciones estatales para el control social, limitado por una constitución. Se crean tres poderes estatales para ejercer las leyes en la ciudadanía: el poder ejecutivo, el poder legislativo y el poder judicial. Se garantizan y protegen las libertades y derechos de todos como ciudadanos. La racionalidad administrativa permite el nacimiento de una nueva clase social: la burocracia. Trabaja en las diferentes entidades públicas y colabora con el Estado para ejercer y hacer cumplir la constitución. Surgen nuevas clases sociales. Se permite la prosperidad de cierto grupo poblacional y la marginación de otro. Se industrializa la producción para aumentar la productividad y su economía. En la modernidad el porvenir reemplaza al pasado y racionaliza el juicio de la acción asociada a los hombres.

La Modernidad surge en el siglo XV después de algunos cambios emblemáticos a nivel mundial como: el Descubrimiento de América por los europeos, el desarrollo de la imprenta, la Reforma Protestante, el Renacimiento y la Revolución Científica. En términos sociales e históricos, no se llega a la Modernidad con el final de la Edad Media en el siglo XV, sino tras la transformación de la sociedad preindustrial, rural, tradicional, en la sociedad industrial y urbana moderna, debido a la Revolución Industrial y el triunfo del capitalismo.

La superación de la sociedad industrial por la sociedad post-industrial se ha dado en llamar posmodernidad. La crisis de la modernidad comenzó hacia el final de la Primera Guerra Mundial, cambiando la mentalidad y las conciencias así como otros profundos cambios sociales, derivados en cambios políticos.

En la modernidad se pueden identificar varios momentos de consolidación de la racionalidad social. Los dos más representativos son:

1. El Renacimiento.

2. La Ilustración.

Renacimiento

El Renacimiento marca el inicio de la Edad Moderna. Se suele establecer entre el descubrimiento de América en 1492 y la Revolución francesa en 1789. En el terreno cultural, se divide en:

1. El Renacimiento (siglos XI y XV)

2. El Barroco (siglos XIII y XVII).

Hay subdivisiones como el manierismo, el rococó y el neoclasicismo. Fue un período de transición entre la Edad Media y los inicios de la Edad Moderna. Sus principales exponentes se hallan en el campo de las artes, aunque también se produjo una renovación en las ciencias, tanto naturales como humanas. La ciudad de Florencia, en Italia, fue el lugar de nacimiento y desarrollo de este movimiento.

El Renacimiento fue fruto de la difusión de las ideas del humanismo, con las siguientes características:

1. Determinaron una nueva concepción del hombre y del mundo.

2. Se reivindicaron ciertos elementos de la cultura clásica griega y romana.

3. En esta nueva etapa se planteó una nueva forma de ver el mundo y al ser humano.

4. Hubo nuevos enfoques en los campos de las artes, la política, la filosofía y las ciencias.

5. Se sustituyó el teocentrismo medieval por el antropocentrismo.

La Ilustración

La Ilustración fue un movimiento cultural e intelectual europeo, especialmente en Francia e Inglaterra. Se desarrolló desde fines del siglo XVII hasta el inicio de la Revolución francesa, aunque en algunos países se prolongó durante los primeros años del siglo XIX. Fue denominada así por su declarada finalidad de disipar las tinieblas de la humanidad mediante las luces de la razón. El siglo XVIII es conocido, por este motivo, como el Siglo de las Luces. La Era de la Razón trató entonces de establecer una filosofía basada en el axioma y el absolutismo como bases para el conocimiento y la estabilidad. Para los pensadores de la Ilustración, la razón humana podía combatir la ignorancia, la superstición y la tiranía para construir un mundo mejor. La Ilustración tuvo una gran influencia en aspectos económicos, políticos y sociales de la época. La expresión estética de este movimiento intelectual se denominó neoclasicismo. Es una época de progreso de los conocimientos racionales y de perfeccionamiento de las técnicas de la ciencia. Culmina con la Revolución estadounidense, la Revolución francesa y Revolución industrial en Inglaterra.

Vampiro

Como ya se ha dicho antes, sorprende el hecho de tener una manifestación creciente de criaturas de la cultura de los muertos vivientes, justo en una época donde el hombre aspiraba a la racionalidad total. Para entender este fenómeno, miremos la concepción del vampiro en términos de la Modernidad.

Bram Stoker, antes de escribir su obra Drácula, buscó al húngaro erudito en temas orientales, Arminius Vámbéry (nombre de pila Ármin o Hermann Bamberger) como su asesor. Al parecer, él le habló de Vlad Draculea, el personaje histórico de la Edad Media. Pero además le habló de la concepción moderna sobre el vampiro. En el encuentro de Stoker con Vámbéry en la ciudad de Pest, éste le habló así de los vampiros:

Para entender la naturaleza del vampiro, según el experto en temas orientales, se debía hacer desde la visión mágica del mundo, visión universal antes del Siglo de las Luces. Desde ella, el hombre posee un alma, y ésta debe efectuar, en el curso de su paso por la Tierra, su regreso hacia el alma cósmica, hacia Dios. La interpretación mágica se sitúa pues al nivel del alma. No reemplaza la visión racionalista, la integra.

Desde este punto de vista, tres vías se abren ante el hombre:

1. Puede escoger adentrarse en el sendero de la Luz (Arta, en la antigua Persia) y enriquecer su alma individual. Haciendo eso, enriquece de paso el alma cósmica y la creación.

2. Puede escoger el sendero de Arhiman, el de las Tinieblas e intentar aniquilar esa misma creación.

3. No escoger ni una ni otra vía, en cuyo caso será un esclavo toda su existencia.

Si el guerrero de la Luz ha contemplado su alma, el de las Tinieblas debe haberla destruido, disuelto. Se convierte entonces en fácil presa de temibles entidades: larvas, goulies, demonios y vampiros. En última instancia, el cuerpo receptáculo acaba por modificarse y por adquirir capacidades físicas inhabituales. En el vampiro, la sed de almas es insaciable. La sangre representa el vehículo del alma. La sangre misma del vampiro, muy probablemente, tiene extrañas propiedades, pero no se la debe probar. Uno se expondría a una condena peor a la muerte.

Más allá de su voluntad de poder, el vampiro ejerce una fascinación por su presencia y su voz sobre las criaturas inferiores: ratas, murciélagos, invertebrados, así como sobre los débiles y los indecisos, es decir, las legiones de la Noche. Luchar contra esa criatura exige el uso de armas mágicas. El crucifijo es un arma temible, pues Cristo ofreció su sangre para la redención de la Humanidad, pero no le garantiza una victoria absoluta. Y si por desdicha el vampiro pusiera en él su marca de sangre en el centro de la cruz, su poder se acrecentaría hasta lo inimaginable. El agua bendita reaccionará en contacto con la tierra donde descansa el vampiro y le impedirá volver allí de nuevo. Un pequeño amuleto puesto sobre un espejo mágico permitiría descubrir dónde se esconde el vampiro.

Por lo general es invulnerable. La luz del día solo le amilana, le debilita, pero no lo mata. Solo el suicidio del huésped o víctima puede eventualmente aniquilarlo. El arma absoluta es la estaca en el corazón o en la frente del vampiro, pero no cualquier estaca. En las tradiciones tibetanas e hindúes, ese puñal mágico se llamaba Kila o Furba (A Drácula se le mata con un puñal de estos y a los demás vampiros con estacas). Representa la energía cósmica activa. Clava y fulmina al dragón terrestre. Eso debe ocurrir durante la noche de los brujos, el 30 de abril de cada año. A continuación se debe cremar el cuerpo. El puñal se utiliza con la mano o con la ayuda de un mazo, este último simboliza la energía cósmica pasiva.

Kirilov

Pero quizá la mejor forma de captar los rasgos del Factor Zombi en la Modernidad, sea a través de los personajes de la literatura de esta época. En su obra "El Mito de Sísifo", Albert Camus nos hace un acercamiento bastante moderno a algunos personajes de la literatura moderna. Veamos algunos apuntes.

Todos los personajes de Dostoievski se interrogan sobre el sentido de la vida. Son modernos en eso: no temen al ridículo. La sensibilidad moderna se diferencia de la sensibilidad clásica porque ésta se nutre de problemas morales y aquélla de problemas metafísicos. En las novelas de Dostoievski se plantea la cuestión con intensidad. No puede traer aparejadas sino soluciones extremas. La existencia es engañosa o es eterna. Si Dostoievski se contentase con este examen sería filósofo. Pero ilustra las consecuencias de esos juegos del espíritu en una vida de hombre, y en eso es artista. Entre esas consecuencias, le interesa la última. En el "Diario de un Escritor", la llama suicidio lógico. En efecto, en las entregas de diciembre de 1876 imagina el razonamiento del "suicida lógico". La existencia humana es una perfecta absurdidad para quien no tiene fe en la inmortalidad:

"En mi calidad indiscutible de demandante y demandado, de juez y de acusado, condeno a esta naturaleza que, con una desenvoltura tan imprudente, me ha hecho nacer para sufrir: la condeno a que sea aniquilada conmigo."

El ingeniero Kirilov lo declara en alguna parte. Quiere quitarse la vida porque ésa "es su idea". Se comprende bien. Se debe tomar la palabra en su sentido propio. El se dispone a morir por una idea, por un pensamiento. Es el suicidio superior.

"Me mataré para afirmar mi insubordinación, mi nueva y terrible libertad." No se trata ya de venganza, sino de rebelión. Del super-hombre no tiene sino la lógica y la idea fija, pero en cambio tiene todo el registro del hombre. Hacerse dios es solamente ser libre en esta tierra, no servir a un ser inmortal. Por lo tanto, Kirilov debe matarse por amor a la humanidad. Debe mostrar a sus hermanos una vía real y difícil, y será el primero en recorrerla. Es un suicidio pedagógico.

El mundo apasionado de la indiferencia gruñe en su corazón. No nos parece monstruoso. Dostoievski desarrolla su posición en las siguientes entregas del Diario y concluye así: "Si la fe en la inmortalidad le es tan necesaria al ser humano (que sin ella llega a matarse) es porque se trata del estado normal de la humanidad. Siendo así, la inmortalidad del alma humana existe sin duda alguna". Por otra parte, en las últimas páginas de su última novela, al término de ese gigantesco combate con Dios, unos niños preguntan a Aliocha: "Karamázov: ¿es cierto lo que dice la religión, que nosotros resucitaremos de entre los muertos, que volveremos a vernos los unos a los otros?". Y Aliocha responde: "Ciertamente, volveremos a vernos, nos contaremos alegremente todo lo que ha ocurrido" (p.55).

Aliocha está enfermo y vive en un perpetuo presente, matizado con sonrisas e indiferencia, y ese estado bienaventurado podría ser la vida eterna. Lo absurdo en esta obra no es su carácter cristiano, sino el anuncio de la vida futura. Si la Iglesia ha sido tan dura con los herejes es por una consideración básica: el peor enemigo es un hijo descarriado. Pero la historia de las audacias gnósticas y la persistencia de las corrientes maniqueas han contribuido mejor a la construcción del dogma ortodoxo, por encima de todas las plegarias.

Factor Zombi en la Modernidad

En el análisis hecho por Albert Camus sobre los personajes en las obras de los escritores modernos, en especial Dostoievski y Kafka, se pueden apreciar con facilidad los rasgos propios de las personas con el Factor Zombi. Estos rasgos son los mismos rasgos del Factor Zombi en la Modernidad. Kirilov se nos aparece con los siguientes rasgos:

1. Aislamiento, es un ser solitario, encerrado en su lugar de habitación y dedicado a racionalizar su existencia.

2. Automatismo, marcado por una búsqueda del suicidio lógico como el mayor acto del hombre. No hay lugar para nada más en la existencia de este personaje.

3. Inmortalidad, representada por el estatus de dios adquirido a partir del suicidio lógico. Para ser dios se debe ser libre en esta tierra, no servirle a un ser inmortal. Por el suicidio lógico el hombre se equipara con dios y de ello deriva su inmortalidad. Si el hombre necesita la fe en la inmortalidad, ésta debe ser el estado normal de la humanidad.

4. Indiferencia, es el estado normal de Aliocha. Quizá ese es un estado bienaventurado. En eso podría consistir la vida eterna.

5. Angustia, representada en la lucha con dios, en busca de la propia autonomía, la propia autodeterminación para poner fin a la existencia mediante el suicidio lógico.

6. Lo absurdo, surge de la contradicción al anunciar la vida eterna cuando se plantea el suicidio lógico como la mejor forma de alcanzar la libertad en la tierra. Kirilov debe suicidarse por amor a la humanidad, esa es la mayor expresión de lo absurdo. El suicidio lógico, al final, no es necesario, pero si el suicidio pedagógico para enseñar a los demás la inmortalidad.

7. Silencio, representado en la sonrisa y la indiferencia permanente de Aliocha. Cuando se participa de la vida eterna, las palabras son prescindibles.

8. Destino, surge de la contradicción de ser autodeterminado para llegar al suicidio lógico, pero si ello es así, entonces ya no se requiere el suicidio. Es un destino en donde se puede ejercer el libre albedrío pero el cual finalmente no se ejerce porque es mejor seguir la voluntad divina, porque fue su voluntad darnos el libre albedrío. Pero a la vez, como el hombre puede autodeterminarse, el se equipara a dios y en esa medida cuando no se suicida, sigue siendo la voluntad divina, es decir, la del hombre equiparado con dios. Como hombre convertido en dios, puede tener la voluntad divina de no suicidarse.

9. Libertad, sólo se alcanza en la tierra a través del suicidio lógico.

10. Enfermedad, Aliocha tiene la enfermedad de la vida eterna, por eso siempre está sonriente y es

indiferente. Aliocha se ofrece como la creación literaria de una persona con el Factor Zombi.

11. Fracaso, cuando Kirilov se convence a sí mismo de lo innecesario del suicidio, descubre la necesidad del suicidio pedagógico. Debe hacerlo para mostrarles a sus hermanos la ruta hacia la libertad en esta tierra. El suicidio es inevitable.

12. Devorar, representado por el suicidio inevitable. Kirilov debe devorarse a si mismo, como Nosferatus, pero no para sobrevivir, sino para mostrar la ruta de la libertad en la tierra, lejos del influjo de un dios inmortal.

Kirilov es la representación literaria de una persona con el Factor Zombi, con una diferencia fundamental. Kirilov está dotado de racionalidad y puede ver en su suicidio la consumación de una idea. En cambio la persona con el Factor Zombi no posee la misma racionalidad. Ella ni siquiera tiene consciencia de su tránsito hacia el suicidio. Kirilov lo puede autodeterminar, la persona con el Factor Zombi lo puede padecer como consecuencia de su automatismo mental y físico. A la persona con el Factor Zombi, el suicidio le puede sobrevenir como si fuera un accidente, no es una elaboración consciente.

La Postmodernidad

En la Modernidad también ocurrieron los dos hechos más absurdos de la racionalidad humana:

1. La Revolución Francesa.

2. La Revolución Bolchevique.

La Revolución Francesa fue adelantada por la clase media. Por primera vez en la historia, se esperaba la consumación de una racionalidad social, política y económica estable, a la altura del hombre. Al ser la clase media quien alcanzaba el poder, ella no traicionaría su condición de clase y sería capaz de mantener la coherencia entre lo predicado y lo actuado en la realidad. Pero en menos tiempo de lo esperado, el ciudadano común fue traicionado. La decepción fue superior a la de cualquier otra época histórica. Toda esa frustración se traslado pronto a escenarios imaginarios. Surgió la utopía social. Se idearon los falansterios como los lugares perfectos en donde refugiarse en adelante. Era el nuevo aislamiento para sobrevivir a las contradicciones sociales del momento. De esas ideas, solo quedó la pobre idea de los actuales centros comerciales, los

Mall. Estos lugares de consumo, distan mucho de la idea del utopismo social.

Pero lo más absurdo ocurre con la Revolución Bolchevique. Ésta fue adelantada por los obreros, considerados como las personas con más consciencia de clase social. Si la clase media finalmente no había resistido la tentación de dejarse comprar por la clase alta, los trabajadores serían capaces de resistir la tentación, parecía ser el supuesto de fondo. Esa era la esperanza. Pero para sorpresa del racionalismo de la Modernidad, se trató de otro intento fallido por construir una racionalidad social coherente y sostenida para la especie humana. Los trabajadores en el poder se volvieron totalitarios, superando a los totalitarismos militares. Con la Perestroika en 1990, se debió avanzar hacia una reforma económica y política para salir de la contradicción social y de la crisis.

Estos dos hechos y otros más, han dado pie a algunos analistas para considerar otro cambio de época en la historia de la humanidad. Se habla, entonces, de una postmodernidad. Entre los principales exponentes se encuentran Jean-François Lyotard, Gianni Vattimo, y Jürgen Habermas. Lyotard fue quizá el primer teórico en proponer el concepto de Postmodernidad para referirse al cambio de época. Él y Vattimo se muestran como los principales pensadores de la Postmodernidad. A su vez, Habermas prefiere hablar de una especie de Modernidad Tardía. Para él, no se debe plantear un cambio de época, sino la necesidad de volver a redefinir la racionalidad social, conservando las bases conceptuales de la Modernidad.

Para estos teóricos, el paso de la Modernidad a la Postmodernidad, hace referencia a:

1. Una sensación sobre el triunfo definitivo del liberalismo

2. La transformación de la idea de Estado.

3. A los cambios religiosos.

El término postmodernidad es utilizado para designar un amplio número de movimientos artísticos, culturales, literarios y filosóficos del siglo XX. Están definidos en diverso grado y manera por su oposición o superación de las tendencias de la Edad Moderna. Desde la sociología se prefiere usar el término posmaterialismo, para referirse a estos cambios.

El movimiento posmoderno se fundamenta en una idea básica: el proyecto modernista fracasó en su intento de renovación radical de las formas tradicionales del arte y la cultura, el pensamiento y la vida social. Defiende la hibridación, la cultura popular, el descentramiento de la autoridad intelectual y científica, y la desconfianza ante los grandes relatos.

Las principales características del pensamiento posmoderno son:

1. Rechaza los dualismos: la filosofía occidental creó dualismos y así excluyó del pensamiento ciertas perspectivas.

2. Cuestiona los textos: los textos históricos, literarios o de otro tipo no tienen autoridad u objetividad inherente para revelar la intención del autor, ni pueden decir qué sucedió en realidad.

3. Critica el giro lingüístico: el lenguaje moldea nuestro pensamiento y no puede haber ningún pensamiento sin lenguaje. El lenguaje crea literalmente la verdad.

4. Redefine el concepto de verdad: la verdad es cuestión de perspectiva o contexto, no algo universal.

Con el fin de la Guerra Fría, la caída del muro de Berlín (1989), se hace evidente el cambio social. Se entra en el paradigma global. El mundo posmoderno se divide en dos grandes realidades:

1. La realidad histórico-social.

2. La realidad socio-psicológica.

Cada una de estas realidades posee sus características propias. Mientras las primeras se aplican a la sociedad, las segundas se aplican al individuo.

Las características de la realidad histórico-social, son las siguientes:

1. Es la época del desencanto. Se renuncia a las utopías y a la idea de progreso de conjunto. Se apuesta a la carrera por el progreso individual.

2. Se predican supuestos límites de las ciencias modernas en cuanto a la generación de conocimiento verdadero, acumulativo y de validez universal.

3. Se produce un cambio en el orden económico capitalista, pasando de una economía de producción hacia una economía del consumo.

4. Desaparecen las grandes figuras carismáticas y surgen infinidad de pequeños ídolos, efímeros.

5. La revalorización de la naturaleza y la defensa del medio ambiente se mezclan con la compulsión al consumo.

6. Los medios masivos y la industria del consumo masivo se convierten en centros de poder.

7. Deja de importar el contenido del mensaje, para revalorizar la forma como es transmitido.

8. Desaparece la ideología como forma de elección de los líderes, siendo reemplazada por la imagen.

9. Hay una excesiva emisión de información a través de todos los medios de comunicación.

10. Los medios masivos se convierten en transmisores de la verdad, como pretensión del poder dominante.

11. El receptor se aleja de la información recibida. Le quita realidad y pertinencia. La convierte en mero entretenimiento.

12. Se pierde la intimidad. La vida de los demás se convierte en un show, especialmente en el contexto de las redes sociales.

13. Desacralización de la política.

14. Desmitificación de los líderes.

15. Cuestionamiento de las grandes religiones.

Las características de la realidad socio psicológica, son las siguientes:

1. Los individuos solo quieren vivir el presente. El futuro y el pasado pierden importancia.

2. Hay una búsqueda de lo inmediato.

3. La personalidad individual es contradictoria. Se busca la diferencia en la imitación de modas sociales.

4. La única revolución válida para el individuo es la interior.

5. Se rinde culto al cuerpo y la liberación personal.

6. Valoración de lo alternativo en la plástica, la música, el cine, etc.

7. Lo místico justifica los sucesos.

8. Preocupación respecto a los grandes desastres y al fin del mundo.

9. Pérdida de fe en la razón y la ciencia, pero se rinde culto a la tecnología.

10. El hombre basa su existencia en el relativismo y la pluralidad de opciones.

11. Pérdida de fe en el poder público.

12. Despreocupación ante la injusticia.

13. Desaparecen los idealismos.

14. Pérdida de la ambición personal como objetivo de la auto-superación.

15. Desaparición de la valoración del esfuerzo.

16. Existen divulgaciones diversas sobre la Iglesia y la creencia en deidades.

17. Se comparte la diversión vía Internet.

18. Se crean teorías de la conspiración para explicar los problemas económicos, políticos, sociales, religiosos y medioambientales.

Si se miran en detalle muchas de las características atribuidas por los teóricos a la Postmodernidad, se encontrara el gran parecido con las características del Factor Zombi aquí estudiado. Incluso, todo el marco conceptual de la Postmodernidad parece una proyección de la cultura de los muertos vivientes. Quizá la persona más postmoderna es aquella con manifestaciones del Factor Zombi. Ésta se podría considerar como la figura representativa de la Postmodernidad.

Quinta Parte: CONCLUSIÓN

El Factor Zombi, como se dijo al comienzo, puede ser considerado como un factor, como un indicador, como una disposición, como una actitud, como un comportamiento, como un estado mental, como un estado psicosomático, e incluso como una enfermedad. Independiente de cual sea el punto de vista adoptado, el Factor Zombi tiene dos manifestaciones: en la persona y en la sociedad.

En la persona se manifiesta a través de doce rasgos: aislamiento, automatismo, inmortalidad, indiferencia, angustia, lo absurdo, silencio, destino, libertad, enfermedad, fracaso, devorar. En la persona, el Factor Zombi se presenta de modo natural como una manifestación de cambio biológico entre la etapa de la niñez y la adultez. Esta manifestación puede ser leve o fuerte. El análisis aquí presentado se basa en la manifestación fuerte. Cuando el Factor Zombi se manifiesta antes de la adolescencia y se prolonga más allá de la adolescencia, deja de ser manifestación de un cambio biológico para pasar a indicar un cambio social.

Cuando el Factor Zombi es el indicativo de un cambio social, pueden presentarse dos situaciones:

1. La persona está avanzando hacia un cambio en el estilo de vida.

2. Se está operando un cambio a nivel social, el cual será de mayor o menor escala en proporción con la cantidad de personas con el Factor Zombi.

Estas dos situaciones permiten considerar el Factor Zombi como un indicador de cambio social. Sería fundamentalmente útil en la segunda situación. Si se comienza a observar un alto número de personas con manifestación del Factor Zombi, se puede hacer la predicción del cambio social. La racionalidad social actual ha dejado de ser satisfactoria para los individuos y estos están entrando en piloto automático hacia la consolidación de otra racionalidad. Un estado de hibernación está comenzando. El aislamiento psíquico y el automatismo de las personas, pronto llevaran a una crisis en todos los ámbitos: social, político, económico, cultural, etc.

Varias son las circunstancias por las cuales los individuos entran en el Factor Zombi, en tanto vacuna de inmunización contra el estado de cosas actuales. Algunas de esas circunstancias son las siguientes:

1. Se presenta una contradicción entre la ética y la moral predicada por los líderes de la sociedad y la practicada por ellos mismos. Esto es captado inconscientemente por los individuos y los lleva a entrar en piloto automático al reconocer la pérdida de

garantías en el tiempo venidero, dentro de aquel orden social a punto de empezar el declive.

2. Los principios de la unidad se tornan en intereses particulares. Para este momento los individuos no solo habrán entrado en la fase del automatismo, sino también, estarán buscando el aislamiento desde donde comenzar a proyectar una nueva racionalidad social.

3. Se percibe un cambio en el sentido de la vida, de la existencia, lo cual lleva a replantearse el tema de la inmortalidad. Sorprende la importancia concedida por el hombre a este aspecto de la existencia, independiente de la racionalidad social, política, económica y cultural reinante.

4. La indiferencia entre los líderes de la sociedad es notable. Los individuos, en consecuencia, se enfocan en el interés particular.

5. Se generan estados de angustia para la población mediante el saqueo de las ciudades o el asalto en los caminos. El individuo comienza a explorar posibilidades de seguridad personal.

6. Lo absurdo se traduce en una impotencia para dar marcha atrás hasta el momento de la total funcionalidad de la racionalidad social. A cambio se sigue avanzando hacia el declive inevitable.

7. Las personas realmente capaces de cambiar las cosas, prefieren guardar silencio y buscar espacios desde dónde orientar una reflexión productiva a la espera del momento apropiado para realizarlas, dentro de una nueva voluntad de cambio.

8. El transcurrir histórico se percibe como si fuera un hilo del destino imposible de romper. Las personas terminan entregándose al devenir de los acontecimientos, a la espera del momento propicio para salir del Factor Zombi y de nuevo ser un agente activo en el devenir de la organización social.

9. Las libertades individuales pronto son sacrificadas cuando comienza el declive social. Cuando se llega a esta circunstancia, ya no hay vuelta atrás, así se aplique una gran racionalidad social para recuperar el orden social.

10. Tras el debilitamiento social, económico, y político, están dadas las condiciones para la enfermedad masiva. Hay factores de mala alimentación y situaciones de estrés extremo, capaces de enfermar a la mayoría de la población. Esto propicia también un cambio biológico. Hay una renovación de la especie. Pero no solo la enfermedad es la amenaza, también lo son los saqueadores de ciudades y los asaltantes de caminos. Ellos son la peste social para agravar la crisis social. Con sus asesinatos también contribuyen al proceso de renovación de la especie.

11. El fracaso se manifiesta de muchas formas, en la pérdida de los valores nacionales, en la pérdida de las propiedades, en el sometimiento a nuevas formas culturales y de gobierno.

12. Y finalmente, las sociedades más coherentes en su racionalidad social, terminan siendo devoradas por sus propias contradicciones endógenas. De allí en adelante, sólo queda un paso antes de ser devoradas por actos exógenos.

También presentamos a Nosferatus como la figura más representativa de la cultura de los muertos viviente, en su representación dentro de la película "Nosferatus en Venecia". En él se identifican a plenitud los rasgos del Factor Zombi. Está aislado en un lazareto. Cobra su automatismo al oír la voz de su amada y con la sangre ofrecida por jóvenes gitanas, del grupo de sus adoradores. Es un inmortal enterrado y revivido. Es indiferente a las opiniones de los demás y a todos los símbolos religiosos pregonados como peligrosos, para él, por las leyendas. Su propia existencia lo angustia. Es un ser absurdo al pretender suicidarse, siendo inmortal. Prefiere el silencio de su tumba y se molesta cuando una voz lejana rompe esa paz. El destino lo supera en su intento de poner fin a su existencia. Es un ser libre para hacer cuanto quiera, menos suicidarse. Lleva la enfermedad de la inmortalidad en sus venas y puede contagiarla al morder a sus víctimas. Fracasa cuando intenta poner fin a su existencia inmortal. A sus enemigos los devora y a sus seres queridos los convierte en vampiros. Los doce rasgos del Factor Zombi se cumplen a la perfección en esta creación de la cultura de los muertos vivientes.

Para terminar, se puede decir: el Factor Zombi es el acto inconsciente de resistencia social más eficaz experimentado por el individuo. Cuando el individuo entra en piloto automático, está vacunado contra todo sometimiento y contra todo intento de hacerle daño. Es un ser totalmente libre. Puede poner fin a su existencia sin darse cuenta, por eso nadie puede controlarlo. La persona está en un estado de hibernación, con la funcionalidad al mínimo, mientras el invierno social termina. Pero a la vez es el estado desde el cual podemos maravillarnos y conmovernos con los productos de la cultura de los muertos vivientes.

Bibliografía

Ackerman, Hans-W.; Jeanine Gauthier (Otoño de 1991). "The Ways and Nature of the Zombi". The Journal of American folclore 104 (414): 466–494.

Agustín, Santo de Hipona. La Ciudad de Dios (volúmenes XVI y XVII, primera y segunda parte, respectivamente de la obra, pertenecientes a la colección "Obras de San Agustín"), Madrid, Biblioteca de Autores Cristianos, 1977 - 1978 (Edición bilingüe traducida del texto latino original de los Benedictinos de San Mauro por Santos Santamarta del Río y Miguel Fuertes Lanero).

Albert Camus. El Mito de Sísifo. Editorial Losada, Buenos Aires. 3ed., 1985, 69pp.

Anderson, Perry (1986) Transiciones de la Antigüedad al Feudalismo, Madrid: Alianza

Aufderheide, Arthur C. 2003. The Scientific Study of Mummies. Cambridge University Press, Cambridge.

Bailey, Andrew (Diciembre de 2006). "Zombies, epiphenomenalism, and physicalist theories of consciousness”. Canadian Journal of Philosophy 26 (4): 481– 510.

Belford, Barbara (2002). Bram Stoker and the Man Who Was Dracula. Cambridge, Mass.: Da Capo Press. p. 17.

Bengtson, Hermann (2008). Historia de Grecia. Desde los comienzos hasta la época imperial romana. Madrid: Gredos.

Booth, William (1988). “Voodoo Science”. Science (Washington) (24): 274–276.

Bourguignon, Erika (1959). “The persistence of folk belief: some notes on cannibalism and zombis in Haiti”. Journal of American folclore 72 (283): 36–46.

Brown, Peter (1991). El Mundo de la antigüedad tardía: (de Marco Aurelio a Mahoma). Madrid: Taurus. p. 272.

David Lyon. Posmodernidad. Alianza. Madrid. 1996.

Dayan, Joan (1998). Haiti, History, and the Gods. University of California Press. pp. 37–38.

De doctores y monstruos: La ciencia como trasgresión en Dr. Faustus, Frankenstein y Dr. Jekyll and Mr. Hyde. Asclepio, Revista de Historia de la Medicina y de la Ciencia, CSIC, Volumen LIII, Madrid, 2001, de Beatriz Villacañas.

Degoul, Franck (2008). “L’effet de serf” ou les retentissements de l’esclavage colonial dans l’imaginaire haïtien de la zombification”. Vodou (Genève: Infolio/Musée d’ethnographie de Genène (M.E.G.)): 307-323.

El Marques de Caracciolo. Vida del Papa Benedicto XIV. Traducción D.F.A. de E. Imprenta de Benito Cano, Madrid, 1788, 375pp.

F. Díaz, Europa: de la Ilustración a la Revolución, Madrid, Alianza, 1994.

Felipe Arocena. La modernidad y su desencanto, Vintén Editor, Montevideo, 1991

Gianni Vattimo, J. M. Mardones, I. Urdanabia... [et al.]. En torno a la posmodernidad. Anthropos. Barcelona. 1990.

Gibbon, Edward (2006). Historia de la decadencia y caída del Imperio Romano. Edición íntegra en cuatro volúmenes, traducción José Mor de Fuentes. Madrid: Editorial Turner.

Guillebaud, Jean Claude (1995). La traición a la Ilustración. Argentina, Manantial.

Guy Fourquin (1977), Señorío y feudalismo en la edad media, Madrid: EDAF.

H. St. L. B. Moss, The Birth of the Middle Ages (Clarendon Press, 1935, reprint Oxford University Press, January, 2000)

Henri Paul Gaston Máspero. Les contes populaires de Egipte ancienne, París, 1889.

Huizinga, Johan (2006). El otoño de la Edad Media. Torre de Goyanes, 224pp.

Jean Baudrillard, J.Habermas, E. Said y otros. La posmodernidad. Kairós, 2000.

Jones, A. H. M. (1986). A history of the Later Roman Empire. A Social, Economic and

Administrative Survey. The Josh Hopkins University Press.

José Manuel García Bautista. Seres Imposibles. Ediciones Digitales. España, 2011, 176pp.

Juan Jacobo Bajarlía. Historias de Monstruos. Ediciones la Flor. Argentina. 1969, 111pp.

Jürgen Habermas. El discurso filósofico de la modernidad, en El pensamiento posmetafísico. Taurus. Madrid, 1990.

Kemp, Mark (1989). "Chemistry of Voodoo". Discover (10): 26–28.

La familia del Dr. Frankenstein. Materiales para una historia del hombre artificial, de Jesús Alonso Burgos. Alcalá Grupo Editorial, Jaén, 2007.

La mirada en el espejo: ensayo antropológico sobre Frankenstein de Mary Shelley, de Francisco Rodríguez Valls. Oviedo, Septem Ediciones. 2001

Le Goff, Jacques (2007). La Edad Media explicada a los jóvenes. Barcelona: Paidos.

Lewis, David K. (1996). "An Argument for the Identity Theory". The Journal of Philosophy 63 (1): 17–25.

Los vampiros a la luz de la medicina. Juan Gómez-Alonso. Publicado por Neuropress, 1995.

Murphy, Kieran M. (Enero de 2011). "White Zombie". Contemporary French and Francophone Studies 15 (1): 47–55.

Perry Anderson. Los orígenes de la posmodernidad. Anagrama. Madrid, 2000.

Pomeroy, Sarah B. (1999). Ancient Greece: a political, social, and cultural history. Oxford University Press.

Rasmussen K, Hsu MA, Noone S, Johnson BG, Thompson LK, Hemrick-Luecke SK (noviembre de 2007). "The orexin-1 antagonist SB-334867 blocks antipsychotic treatment emergent catalepsy: implications for the treatment of extrapyramidal symptoms". Schizophr Bull 33 (6): 1291–7.

Rolf Toman. El arte en la Italia del Renacimiento. H.F. Ullmann Editor, 2012, 464pp.

Rubert de Ventós, X. De la modernidad. Ensayo de filosofía crítica. Península. Barcelona, 1982.

Sanberg PR, Bunsey MD, Giordano M, Norman AB (octubre de 1988). "The catalepsy test: its ups and downs". Behav. Neurosci. 102 (5): 748–59.

Santos Madrazo Madrazo (1969) Las dos Españas. Burguesía y nobleza, los orígenes del precapitalismo español Editorial Z Y X.

Shelley, Mary (2013). Frankenstein o el moderno Prometeo. Estudio preliminar Antonio José Navarro, traducción Francisco Torres Oliver. Colección: Gótica / GOT-016, cartoné. Madrid: Editorial Valdemar.

U. Im Hof, La Europa de la Ilustración, Barcelona, Crítica, 1993.

Ubaldo, Sergio A., Artículo zombis y Literatura, Revista Gótica Especial N° 20, Editoposter S.A., junio de 2009, México DF

Luis Carlos Molina Acevedo

Vodou. The Oxford Encyclopedia of African Thought, Volumen 1, Oxford University Press, 2010.

www.ingramcontent.com/pod-product-compliance
Lightning Source LLC
Chambersburg PA
CBHW062136280526
45788CB00001B/189
9781530669387